통합사회
교과서와
함께 읽기

인문학적 사고력과 문제해결력을 높여주는

통합사회
교과서와
함께 읽기

구정화 지음

1

해냄

공부란 세상을 알아가는 법을
배우는 것

여러분은 자신이 살아가는 세상을 얼마나 알고 있나요? 내가 안다고 '생각'하는 것이 정말 정확하게 알고 있는 '사실'일까요? 전혀 예상하지 못했던 새로운 소식을 접하거나, 잘 알고 있다고 생각했던 사람의 특이한 상황을 전해 듣고 나면 이런 질문을 하게 됩니다.

"나는 무엇을 알고 있었던 걸까?"

사람이 태어나서 만나게 되는 세상은 새로운 것투성입니다. 그래서 아이들이 말을 배우기 시작하면서 '이건 뭐예요?' '저건 뭐예요?'라며 끊임없이 질문하죠. 종종 경험적으로 판단하기 위해서 입에 물기도 하고, 손을 넣어보기도 하고, 발로 밟아보기도 합니다.

그러다가 학교에 다니기 시작하면 정해진 답을 기억하고 그 답을 이용하여 다른 정답을 찾는 일에 집중하는 시기가 찾아옵니다. 스스로 세상을 이해하고 바라보는 일을 잊은 듯이 살아가는 것이죠.

이렇게 주어진 답 안에서만 대상을 인식하게 되면 더 이상 세상에 대한 흥미로운 탐구가 불가능해집니다. 현상 속에 숨겨진 다양한 이면을 보지 못하는 오류를 낳을 수 있습니다. 또 어떤 경우에는 새로운 것을 아예 보지 않으려는 완고함마저 갖게 된답니다.

농담으로 하는 이야기가 있습니다. 이 세상에 변하지 않는 유일한 한 가지가 있는데, 그것은 "세상은 항상 변한다"라는 사실이죠. 우리가 살아가는 세상은 항상 가변적이면서 역동적입니다. 그런 점에서 '변화'와 '다양성'은 세상을 작동하게 하는 중요한 방식입니다.`

그렇다면 우리가 세상을 바라볼 때에도 변화의 가능성과 함께 다양성에 대한 인정도 고려해야 하지 않을까요? 내가 알고 있다고 판단한 세상에 대해 끊임없이 질문하고 새롭게 인식하면서 이해하는 노력이 필요하지 않을까요?

우리 사회에서는 '공부'를 상급학교에 진학하기 위한 것으로 인식하고 있습니다. 그러나 공부는 세상을 알아가는 방법을 배우는 일입니다. 공부는 어떤 현상에 대하여 의문을 가지고 질문을 하며 그 답을 찾아가는 방법을 배우는 것이어야 합니다. 이 과정에서는 물론 기존에 완성되어 있는 지식을 이해하고 배우는 것도 중요합니다. 더불어 스스로 질문을 던지고 탐구하는 것도 중요하죠.

이를 위한 방법으로 관련 현상을 설명하는 다양한 책을 읽고 각각의 책에서 제기하는 주장들의 장단점을 스스로 되새겨보는 것이 필요합니다. 그런 의미에서 이 책은 여러 책을 읽는 것과 같은 효과를 누리도록 하나의 주제와 관련하여 다양한 질문, 다양한 관점, 다양한 주장들을 모아

보려고 했습니다.

이 책의 내용 구성은 '2015 개정 교육 과정'에서 새롭게 만들어진 고등학교 『통합사회』의 주제를 따라갑니다. 전체가 9개의 주제로 되어 있어서 한 권에 다 담아낼 수가 없었습니다.

1권에서는 통합적 관점이란 무엇인지에 대해 살펴보고, '행복' '자연환경' '생활공간' '인권'에 관한 이야기를 다루었습니다. 2권에서는 '시장경제와 금융' '사회 정의와 불평등' '문화와 다양성' '지구촌 갈등과 평화' '지속가능성과 미래'를 다루게 됩니다.

사회 과목은 각각 세부적이고 전문적으로 나뉘어 있기에 위에 제시된 9개의 주제를 서술하면서 제가 공부한 전공 분야로 인한 한계가 있음을 느꼈습니다. 그럼에도 관련 서적을 읽으며 최선을 다해 내용을 다듬었습니다.

저 또한 오랫동안 하나의 학문에 정진한 결과, 스스로 그렇지 않으려고 노력했음에도 하나의 관점을 강하게 주장하는 사람이 되었습니다. 다양한 관점을 담아내려고 노력했으나 이 책 또한 하나의 관점에 매몰되어 있을 수도 있다는 가능성을 항상 염두에 두고 읽기를 바랍니다. 즉, 여러분 스스로 책의 내용에 비판을 가하고 의문을 던지면서 새로운 생각을 하는 것이 필요합니다.

유난히 추운 겨울이 지났습니다. 많은 변화를 경험한 우리 사회가 다시 맞은 새해이지만, 사회에서 세상을 바라보는 시각은 여전히 편협하며 타인에 대한 이해에는 아직도 차가움이 가득합니다. 이 책이 그러한 편협함을 줄여주고 차가움을 녹여주는 역할을 조금이라도 하기를 바랍니다. 춥고 힘든 상황을 넘어 이 책이 나올 수 있도록 해주신 해냄출판사 관계자

분들을 비롯하여 모든 분들께 감사드립니다.

　마지막으로 사람마다 책에 담긴 내용과 관련해 다른 의견과 생각을 가질 수 있습니다. 여러분들이 그것을 솔직하게 지적해주는 독자가 되길 바랍니다. 여러분의 그러한 지적을 바탕으로 함께 논의하고 수정하면 더 나은 내용으로 책을 만들어나갈 수 있을 것이며, 사회를 좀 더 살기 좋은 곳으로 발전시켜 나가는 데에도 도움이 될 것입니다.

2018년 5월
구정화

우리는 사회를
어떤 시각으로 보아야 할까

1 4~16세기 서유럽의 르네상스는 종교적 교리에 따른 지배 질서를 강조하던 중세의 인식에서 벗어나 철학, 미술, 건축 등의 부활을 강조했습니다. 말 그대로 르네상스(Renaissance)는 재생 또는 부활이니까요. 르네상스에서 부활의 대상은 그리스, 로마 등의 중세 이전 서유럽 문화라고 볼 수 있습니다. 서유럽 역사에서는 중세를 '인간 이성의 무덤'이자, 암흑기라고 봅니다. 반면에 르네상스는 인간에 대한 재발견, 이성을 통한 합리적 사유의 회복, 합리적 생활양식의 도입이 가능했던 시기로 보죠.

르네상스 이후 근대사회로 접어들어 합리성에 기초한 탐구 영역이 다양해지면서 학문의 분화가 일어났습니다. 사회학을 예로 들어볼까요? 초기 사회학자인 막스 베버는 사회학자면서도 경제학, 철학, 역사학 등에서 다양한 연구 결과를 남겼습니다. 지금 사회학자들 중에는 이런 경우가 거의 없지요. 요즘 사회학자를 만나서 전공을 물어보면 '문화사회학' '범죄사회학' '도시사회학' '가족사회학' '정보사회학' '산업사회학'같이 아주 세부적인 분야로 답을 합니다.

이렇게 학문이 분화된 이유는 무엇일까요? 우선 삶이 다양해졌기 때문이겠지요. 과거에 비해 삶의 공간이 확장되고 과학기술이 급격히 발달해 삶의 모습이 다양해졌습니다. 그렇다 보니 세부적으로 깊이 탐구해야 할 분야가 많아진 것입니다. 또한 학문을 탐구하는 방법이 발달하면서 연구 대상을 구체적이고 세밀하게 분석할 수 있게 된 것도 이유입니다. 대상을 세밀하게 분석할수록 그 대상은 점점 더 분화되었고 더 상세한 설명이 가능해졌습니다.

역사가 발전함에 따라 학문이 분화되고, 세상을 세분화해서 보는 방향으로 가고 있습니다. 이에 맞춰 직업에서도 전문성이 강조되고요.

그런데 왜 학교에서는 사회를 통합적으로 봐야 한다고 하는 걸까요?

우리가 탐구하는 학문에는 어떤 것들이 있을까?

대학에 진학하면 무엇을 공부하고 싶은가요? 종합대학은 전공별로 학과가 있고, 과를 묶은 단과대학이 있습니다. 'ㅇㅇ대학교 사회대 사회학과' '△△대학교 자연대 화학과' 하는 식으로요. 대학이 사회대, 인문대, 자연대와 같이 몇 개 학과를 묶은 것은 해당 학과의 연구 방법이나 관심 등을 고려하여 사회과학, 인문학, 자연과학으로 학문을 분류하는 것과 관련이 있습니다.

자연과학이라는 학문의 연구 대상은 자연현상입니다. 자연현상은 인간의 의도와 상관없이 존재합니다. 그래서 실험이나 관찰에서 얻은 경험적 자료를 바탕으로 정밀한 인과관계를 분석하여 그 현상을 이해하려고 합니다. 수학, 물리학, 화학, 생물학, 천문학, 지구과학 등이 여기에 속합니다.

사회과학의 연구 대상은 사회현상입니다. 사회현상에는 인간의 의도가 개입되어 있지요. 자연과학에서 사용하는 탐구 방법을 그대로 사용할 수 있다는 입장도 있지만, 인간의 의도가 개입된다는 면에서 사회과학 나름의 탐구 방법이 필요하다는 주장도 있습니다. 사회과학 분야의 대표적인 학문으로는 사회학, 경제학, 정치학, 법학, 심리학 등이 있습니다. 지리학은 사회학으로 분류되긴 하지만 사회현상과 동시에 자연현상도 탐구 대상으로 삼습니다.

인문학도 있습니다. 인문학은 인간 존재의 근원적 문제, 인간의 마음이나 가치, 사상 등을 연구하는 학문들을 이르는 말입니다. 역사학, 철학, 종교학, 문학, 언어학 등이 해당합니다. 인문학과 사회과학의 차이가 뭐냐고요? 인문학이 인간 존재나 마음과 관련한 현상 그 자체를 고려한다면 사회과학은 인간의 마음이나 가치가 개입되어 나타난 결과를 주로 고려한다는 차이점이 있지요.

통합적으로 인간의 삶을 이해하다

인간 삶에 직접적으로 관련된 현상은 주로 사회과학과 인문학이 관심을 갖습니다. 그런데 앞서 보았듯이 사회학에서도 세부 전공 분야가 나뉩니다. 이처럼 인간의 삶을 둘러싸고 일어나는 현상에 대한 탐구는 점점 분화되고, 학문에서도 분과 현상이 나타납니다.

분과적인 학문은 인간의 삶을 세밀하게 분류하여 연구합니다. 그런데 실제 우리의 삶은 어떤가요? 삶은 과거에 비해 훨씬 더 복잡해졌습니다. 예를 들어 10대 폭력 문제를 논의할 때 범죄심리학자, 상담학자, 청소년학자, 교육학자, 가족사회학자, 법학자 등 다양한 전문가들이 의견을 내는 모습을 본 적이 있을 겁니다. 하나의 현상에 대하여 특정 영역이나 학문의 관점에서만 설명하기보다는, 다양한 관점이나 지식을 동원해 함께 생각해야 원인 진단과 해결 방안 모색이 가능하기 때문입니다.

눈을 감고 코끼리를 만진 다음 자신이 만진 것만 이야기하면 하나의 코끼리 상을 완성하기가 어렵겠지요. 하지만 코끼리 코를 만진 사람, 다리를 만진 사람, 등과 꼬리를 만진 사람이 모여서 논의하면 실제 코끼리에 가까운 형상을 완성할 수 있을 것입니다. 학문의 통합은 어떤 현상과 관련된 여러 분야의 사람들이 같이 논의함으로써, 그 현상에 대해 더 깊이 이해해 나가자는 움직임이라고 볼 수 있습니다.

최근 학계에서도 분과를 넘어서 통합적으로 현상을 고찰하는 접근을 강조합니다. 대표적인 것이 '통섭 논의'입니다. 통섭은 말 그대로 학문 간에 소통을 하자는 것입니다. 어떤 현상을 연구할 때 개별 학문으로만 접근하기보다는 학문의 경계를 넘어 서로 관련지어 보고, 관찰하고, 탐구하고, 연관된 지점을 같이 논의해보자는 것이지요.

통섭은 우리가 일상에서 부딪치는 문제의 원인을 파악하고 해결하는 데 절실하게 필요합니다.

'자전거 활성화 정책'을 세운다고 생각해봅시다. 무엇을 고려해야 할까요? 우리나라 도로 사정, 교통정책 변화와 정책 도입에서 검토해야 할 법적 문제, 다른 분야에 끼칠 경제적 영향, 자전거 활성화 정책의 사회적 가치, 즉 '환경보존'의 의미, 우리나라 기후가 자전거 활성화 정책에 미치는 영향과 보완책, 에너지 및 환경 문제 대안으로서의 적정성, 도시 계획과 건설 등 매우 다양한 문제들을 함께 논의해야 합니다.

어떤 문제를 찾아내고 그 문제를 해결할 때, 이처럼 여러 분야에서 그 현상을 바라보는 관점을 통합하여 고려하는 편이 낫겠지요?

'커피 한 잔에 담긴 통합적 관점

관점이란 사람이 어떤 현상이나 사물을 바라보는 방향이나 가치, 또는 태도를 말합니다. 관점이 저마다 다르기 때문에 사람들은 같은 것을 보고도 각자 다른 의견을 말합니다. 어느 현상을 두고 역사적 사건이나 맥락 등 시간적 관점을 강조하는 사람이 있고, 위치나 지역, 관계성 등 공간적 측면을 강조하는 사람도 있습니다. 그 현상에 나타난 개인의 행동을 보고 사회구조와의 관련성을 고려하여 사회적 측면을 강조하는 경우도 있고, 개인이나 한 사회가 지향하고 판단의 준거가 되는 가치를 강조하여 윤리적인 면을 보는 사람도 있습니다.

사람들이 공정무역♦ 커피를 선택하는 현상을 예로 들어봅시다.

♦ 공정무역 상품의 생산자가 경제적으로 자립할 수 있고, 지속 가능한 발전을 할 수 있으며, 인간으로서 존엄성을 유지할 수 있도록 정당한 대가를 지불하고 이루어지는 무역 형태를 말한다. 이러한 상품을 사는 것을 '착한 소비'라고 한다.

커피는 아프리카의 에티오피아가 원산지인데, 커피를 발견한 당시 에티오피아의 종교는 이슬람교였습니다. 술을 금하는 이슬람의 종교적 교리 때문에 이를 대신할 음료로 커피가 인기를 끌었습니다. 그러다 십자군 전쟁 때 유럽으로 전파되어 유럽인들에게 사랑받는 음료가 되었지요. 그 후에 제국주의적 식민지 확장을 하던 유럽인들은 커피가 잘 자라는 자연환경을 가진 식민지로 커피 생산지를 넓혔습니다. 이로 인해 아시아와 라틴 아메리카 등지에서도 커피를 생산하게 되었지요.[1]

커피 생산지를 커피벨트라고 합니다. 커피벨트가 되려면 생장에 적정한 강수량이 필요하고 연 평균기온이 20도 정도여야 합니다. 아프리카의 에티오피아와 케냐, 아시아의 베트남과 인도네시아, 라틴아메리카의 브라질, 콜롬비아, 과테말라 등이 해당합니다. 세계지도나 지구본에서 이 지역들을 보면 적도를 중심으로 남쪽과 북쪽의 위선 23.5도에 모여 있음을 알 수 있습니다. 커피의 주 생산지는 커피벨트지만, 주 소비지는 유럽이나 북아메리카 등 대개 선진국입니다.

커피가 우리나라에 들어온 것은 고종 때로 알려져 있습니다. 외교 사절이 드나들기 시작한 구한말, 왕실에 커피가 진상되었고 가배 또는 고희로 불리면서 상류층의 기호품이 된 것입니다. 그러다 6·25 전쟁 이후 미군부대에서 판매하던 인스턴트 커피가 남대문 시장 등으로 흘러나오며 사람들의 입맛을 당겼고, 다방에서도 커피를 팔기 시작했습니다.

1970년대 중반에는 한 기업이 봉지 인스턴트 커피를 개발해서 베스트셀러가 되었습니다. 저녁도, 휴일도 없이 일해야 했던 한국의 직장인들에게 카페인이 좋은 각성제 역할을 한 데다가, 싼값에 편하게 먹을 수 있어서 많은 사랑을 받았을 것입니다.

경제가 성장하면서 소비력이 증가하고, 자유무역이 가능해지고, 국가 간 상품 이동이 용이해지면서 외국계 카페들이 우리나라에 들어왔습니다. 점점 서구화되어 가는 사람들의 생활방식도 커피의 대중화에 일조했습니다. 공부하고 사람을 만나고 업무를 처리하는 등 카페에서 다양한 경험이 가능해지자, 카페가 급속도로 성장하고 커피는 한국인의 대표 음료가 되었습니다.

그런데 몇몇 사람들이 커피의 역사, 생산 과정 등을 고려하기 시작했습니다. 커피 생산 과정에서 사람들의 인권이 착취당하지 않았는지, 커피 생산으로 얻은 이익이 생산자에게 돌아가지 않고 유럽이나 미국 등에 본사를 둔 대기업에만 돌아가는 건 아닌지, 생산 과정에서 환경을 파괴하지는 않는지 등을 커피 소비에서 중요한 가치로 여기게 된 것입니다.

이들은 자신의 기준에 따라 공정무역 커피를 선택하게 되었습니다. 한국의 어느 카페에서 주문하는 한 잔의 공정무역 커피에는 이런 다양한 측면이 반영되어 있지요.

커피 한 잔이 에티오피아에서 한국의 나에게 오기까지 수많은 역사적 사건들이 있습니다. 커피 생산지와 소비지의 공간 분포나 그들 간의 네트워크 특징도 알 수 있지요. 한국 사회에서 커피를 마시게 되는 사회적인 요인과 커피 소비에 담긴 가치 지향 논의도 접할 수 있습니다.

이렇게 시간적·공간적·사회적·윤리적 관점을 총동원하여 현재 내 앞에 놓인 공정무역 커피 한 잔을 바라보면, 나의 행동에 다양한 세계가 스며들어 있음을 알 수 있습니다. 국가 간 지배와 피지배의 역사, 지역 간 혹은 국가 간의 경제 교류에서 나타나는 불평등, 지구촌 내 불평등한 공간 구조, 기후와 기온 같은 자연환경에 따른 작물 재배 양상, 종교와 특정 문화의 연계성, 개인의 선택에 영향을 주는 사회구조의 특징, 어떤 가치가 사람들의 삶에 미치는 영향력 등……. 그런 것들이 모두 이어져 하나의 현상을 만들어낸다는 것을 이해할 수 있습니다.

'통합사회'란 무엇일까?

자, 어떤가요? 이렇게 커피 한 잔을 바라보듯이 인간과 관련한 현상을 통합적인 관점으로 파악하면, 무엇을 알게 될까요?

첫째, 인간을 둘러싼 특정 주제나 문제가 단순히 하나의 요인에 의해서만 나타나는 것이 아니라 다양한 관점이 개입되어 나타남을 알 수 있습니다. 그래서 통합적 관점으로 어떤 주제나 문제를 살필 때 그 원인과 진행 과정, 문제 양상 등을 깊이 이해하는 것이 가능합니다.

둘째, 어떤 현상과 관련하여 사실적인 지식과 더불어 가치적인 측면에서 무엇을 고려해야 할지도 생각할 수 있습니다. 여러 관점을 동원해 통합적으로 문제를 살펴보면 어떤 선택이 옳고 그른지 판단하기 쉬워집니다. 결국 다양한 해결 방안 중에서 가장 적정한 것을 파악하는 데 도움이 됩니다.

'통합사회'는 살아가면서 고려해야 할 중요한 주제를 시간적·공간적·사회적·윤리적 관점이라는 다양한 관점으로 통합하여 바라보는 것입니다. '한 잔의 커피' 사례처럼 네 가지 관점을 통합하는 경우도 있지만, 때로는 두 가지 혹은 세 가지 관점으로 통합해서 보아야 하는 경우도 있습니다.

이제부터 읽어나갈 내용에서는 행복, 자연환경, 생활공간, 인권, 시장, 사회 정의와 불평등, 문화, 세계화와 평화, 지속 가능성이라는 큰 주제를 제시할 것입니다. 그리고 이 주제들에 대하여 여러 관점을 도입하여 다양한 현상, 문제 상황, 그리고 해결 방안 등을 다각적으로 생각해볼 것입니다.

자, 지금부터 다양한 주제에 여러 관점을 적용하여 통합적으로 사고하는 과정을 같이 해봅시다.

차례

1장

우리는 어떻게 행복한 삶을 살 수 있을까?

인간과 행복

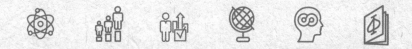

2장 우리를 둘러싼
자연환경 이해하기

자연환경과 인간생활

3장 사회 변동에 따른 생활공간과
생활양식의 변화

생활공간과 사회

4장 인간의 존엄성을 지키기 위한 다양한 노력들

인권과 헌법 그리고 삶

통합사회
교과서와
함께 읽기

2권 차례

우리는 어떻게 행복한 삶을 살 수 있을까?

✳ 인간과 행복

인간은 자신의 행복의 창조자이다.
─헨리 데이비드 소로(미국의 사상가이자 문학가)

1 행복이란 무엇일까?

⚠ 행복의 기준, 행복론, 삶의 목적으로서의 행복

'**카**페인 우울증'이라는 말이 있습니다. 여기서 말하는 카페인은 커피에 들어 있는 물질이 아니라 카카오스토리, 페이스북, 인스타그램을 묶은 약어로, 소셜네트워크 서비스를 표현한 말입니다. 그래서 카페인 우울증을 SNS 우울증이라고도 부르죠.

오늘날 대다수 사람들은 자신의 일상, 특별한 순간을 온라인에 기록합니다. 내용은 대부분 즐겁습니다. 자신이 처한 고통의 순간이나 어려움을 온라인에 올리는 사람은 거의 없죠. 그래서 누군가 기록하여 우리가 엿보는 그 순간은 즐겁고 행복한 순간인 경우가 대부분입니다. 그런데 이게 문제가 됩니다.

카카오스토리, 페이스북, 인스타그램 같은 네트워크에서 볼 수 있는 지인의 삶은 즐겁고 멋진데 내 삶은 그렇지가 않다면 어떤 생각이 들까요?

그들의 즐거운 삶을 보면 나만 우울하고 힘들게 사는 것 같다는 착시를 경험하게 되지요. 이때 느끼는 우울감이 바로 카페인 우울증입니다.

'행복'은 삶에서 충분한 만족이나 기쁨을 누리는 상태를 말합니다. 카페인 우울증 같은 것은 나의 행복에 부정적인 영향을 미치겠지요.

그렇다면 인간은 어떻게 행복을 누릴까요?

행복은 상대적일까, 절대적일까?

한 사회학자가 행복이 객관적인지, 아니면 주변 집단과 비교하여 상대적으로 갖게 되는 감정인지 궁금했습니다. 그래서 재미있는 조사를 했지요. 직장인을 대상으로 자신과 주변 사람들의 월급 수준을 비교하게 하고, 그러고 나서 느끼는 행복감이 어느 정도인지를 물었습니다. 결과를 보니, 자신이 주변 사람보다 월급을 적게 받으면, 주변 사람보다 월급을 많이 받는 사람에 비해 행복감이 낮은 것으로 나타났습니다. 이 연구[2]를 통해 사회학자는 '행복감은 주변 사람들과 비교를 통해 얻는다'라고 결론을 내렸습니다.

한 사람이 자신의 삶에서 느끼는 행복감 등을 판단하는 데 준거로 삼는 집단을 준거집단이라고 합니다. 시험을 쳤는데 전보다 점수가 떨어지긴 했지만 내가 준거집단으로 삼은 친구들보다 점수가 높은 경우, 전보다 점수가 오르긴 했지만 준거집단으로 삼은 친구들보다 점수가 낮은 경우. 이 중에서 어떤 경우에 더 행복감을 느낄까요?

준거집단과 관련한 행복감 실험을 보면 행복은 상대적으로 보입니다.

우리는 종종 불행하다고 느끼다가도 나보다 더 불행한 사람을 보면 그 순간 불행감에서 벗어나곤 합니다. 그 이유는 무엇일까요? 이에 대하여 한 실험이 답을 알려줍니다.

타인의 행복한 경험과 불행한 경험 이야기를 동시에 듣는다면, 사람들은 어떤 이야기에 더 관심을 가질까요? 어느 연구자가 이와 관련한 실험을 했습니다. 한 모임에서 사람들에게 A의 불행한 경험과 B의 행복한 경험을 들려주었습니다. 그러자 모임에 있던 사람들은 B가 경험한 행복한 사건보다 A가 경험한 불행한 사건에 더 많은 관심을 보이면서 이야기를 나누었습니다. 또한 B가 경험한 행복한 사건보다 A가 경험한 불행한 사건에 대하여 주변 사람들에게 더 많이 이야기한 것으로 나타났습니다.

사람들이 남의 불행에 이렇게 관심을 갖는 이유는 무엇일까요? 자신에게 그런 불행한 일이 일어나지 않은 데 대해 행복감을 느끼기 때문이 아닐까요?

행복은 지속적일까, 한시적일까?

'행복'이라는 단어를 검색해보면 '행복한 순간'이라는 표현이 참 많이 나옵니다. 말 그대로 행복은 영원한 것이 아니라 어떤 특별한 순간의 감정일 수 있습니다. 영어로 행복은 happiness입니다. '우연한 상황'이라는 뜻의 happening과 '행복'을 뜻하는 happiness는 둘다 어원이 'hap'이라고 알려져 있습니다. 'hap'은 우연을 뜻하는데, 지속되는 것이 아니라 순간에 일어나는 일이죠. 우연한 상황(happening)과 행복(happiness)이 '우연

(hap)'을 어원으로 둔 것을 보면, 행복을 '행복한 순간'이라고 표현한 것은 참 적절해 보입니다.

그런데 'hap'에는 '운'이라는 의미도 담겨 있습니다. 그래서일까요? 사람들은 종종 행복과 행운의 순간을 헷갈리기도 합니다. 우리는 네 잎 클로버를 찾는 순간을 행운이라고 하지 행복이라고는 하지 않지요. 수많은 세 잎 클로버 중에서 네 잎 클로버를 찾은 것은 노력해서 만들어낸 산물이 아니라 우연히 얻은 것입니다. 외부에 존재하는 것을 우연히 발견하여 얻은 행운인 거지요. 하지만 행복은 단순히 외부에 있는 것을 우연히 발견하는 행운과는 다릅니다.

마테를링크의 『파랑새』라는 동화[3]를 읽어본 적이 있나요? 주인공 남매인 틸틸과 미틸은 크리스마스 전날에 파랑새를 찾아달라는 요청을 받는 꿈을 꿉니다. 남매는 파랑새를 찾기 위해 추억의 나라, 꿈의 방, 사치의 방, 미래의 성을 거치며 모험을 합니다. 그렇지만 파랑새를 찾는 데는 실패하지요. 꿈에서 깨어나서 자신의 집에 있는 새장에서 파랑새를 발견합니다. 그리고 자신들이 기르던 새가 바로 그 파랑새라는 걸 알게 되지요.

동화 속 주인공이 찾아내는 파랑새는 행복을 상징합니다. 남매는 행복을 찾아서 먼 곳을 여행했지만, 결국 행복은 자신의 삶 속에 있음을 깨닫습니다. 행복은 저 멀리 외부에서 오는 그 무엇이 아니라, 내 안에 존재하지만 내가 발견하기 전에는 알 수 없는 것이라는 메시지가 이 동화 속에 담겨 있습니다.

행복한 순간은 누가 만들어주는 것이 아니라 내가 살아온 어느 순간을 발견하여 기억한 결과입니다. 그러니 행복이란 내 삶에서 나 스스로 찾아내는 것이겠지요.

철학자들이 생각하는 '행복'

행복하다고 느낄 때를 말해보라고 하면 누구나 자신의 기억 중 하나를 이야기할 것입니다. 그런데 행복이 무엇인지 설명해보라고 하면 쉽지가 않죠. 무엇이 행복일까요? 예부터 철학자들은 행복에 관심을 가져왔습니다. 서양에서는 고대부터 현재에 이르기까지 많은 철학자들이 행복에 관한 많은 이야기를 남겼는데, 이들 논의를 보면 행복이야말로 삶의 궁극적인 지향점인 듯합니다.

아리스토텔레스의 이야기를 먼저 들어볼까요. 그는 우리가 어떤 것을 하는 데 있어서 그 자체로 최종의 이유가 되는 '최상의 좋음' 상태가 있는데, 이것을 행복으로 보았어요. 즉 최고의 선(善)이 행복이라고 본 것입니다. 아리스토텔레스는 내가 인간으로서 해야 할 고유한 기능인 이성적인 삶을 잘 살아낼 때 행복에 다다를 수 있다고 믿었습니다.

하프 연주자의 고유한 기능은 하프를 최상으로 연주하는 것이고 그때 하프 연주자로서 최고의 선 상태가 되는 것처럼, 인간으로서 이성적인 삶을 살아가는 것이 바로 행복이라는 것이지요. 이 주장에 따르면 행복은 우리가 보통 생각하는 즐거움이나 뭔가 충족된 상태라기보다는, 나의 욕망을 절제하면서 도덕적 삶을 지향하는 것입니다.

에피쿠로스 학파◆도 행복이 인생의 목적이라고 보았어요. 그런데 아리스토텔레스와 달리 행복이 쾌락과 관련되어 있고, 즐거울 때 행복하고 불쾌할 때는 불행하다고 보았어요. 감각적인 쾌락이 인간의 행복에 중요하

◆ 에피쿠로스 학파 아테네의 철학자인 에피쿠로스의 이름을 따서 지은 철학의 한 분파이다. 쾌락을 최고선으로 규정한 에피쿠로스와 그의 제자들의 철학적 주장이 주요 내용을 이룬다.

다는 거죠. 그렇다고 이들이 쾌락 추구 그 자체를 강조한 것은 아니에요. 행복에 이르는 진정한 쾌락을 위해서는 육체적 욕구를 줄이고 절제해야 한다고 했으니까요.

시간이 지나면서 개인의 행복뿐 아니라 집단의 행복에 관심을 가진 철학자들이 나타났습니다. 바로 공리주의자들입니다. 대표적으로 벤담은 쾌락이 유일한 선이고 고통이 유일한 악이라는, 쾌락주의적 행복론을 주장합니다. 그러면서 '공리의 원리'라고 부르는 최대 다수의 최대 행복을 주장하죠. 사회 구성원의 행복의 양을 최대화하는 결정을 내려야 한다고 강조합니다.

같은 공리주의자이지만 행복에서의 질적 차이를 강조하는 밀은 "만족한 돼지가 되기보다는 불만족한 인간이 되는 편이 낫고, 만족한 바보가 되기보다는 불만족한 소크라테스가 되는 편이 낫다"라고 하면서 질적인 쾌락을 통한 행복 추구를 강조하죠. 어떤 철학자의 행복론에 마음이 가나요?

나는 무엇을 추구하며 어떻게 살아가고 있나?

최근 심리학자들이 인간의 행복에 깊은 관심을 가지고 있습니다. 심리학자들은 보통 행복이 무엇인가보다는 어떨 때 인간은 행복한가에 초점을 맞춥니다. 심리학적 측면에서 행복은 주관적으로 느끼는 안녕감 혹은 평안한 상태라고 보는 경우가 대부분입니다. 그래서 행복을 삶의 만족도로 이야기하기도 하지요. 주로 일상에서 느끼는 감정으로서 행복에 초점을 둡니다.

행복과 오복(五福)[4]

혹시 눈치 챘는지? '철학자들이 생각하는 행복'에서 동양 철학자는 등장하지 않았다. 그 이유는 동양철학은 행복론을 구체적으로 말하지 않았기 때문이다. 유교의 경전 중 『서경』의 「홍범」 편에서 '오복'을 논의하긴 하지만, 이는 삶의 다섯 가지 바람직한 조건을 말한다. 행복 자체보다는 행복을 위한 조건에 대한 이야기로 봐야 한다.

그 다섯 가지는 무엇일까? 첫째는 '수(壽)'이다. 장수를 의미하여 오래 사는 것을 말한다. 둘째, '부(富)'이다. 부유하고 풍족한 삶을 누리는 것을 말한다. 셋째, '강녕(康寧)'이다. 건강하게 일생을 사는 것을 말한다. 넷째, '유호덕(攸好德)'이다. 덕을 좋아서 다른 사람을 위하며 사는 것을 말한다. 다섯째, '고종명(考終命)'이다. 자신의 집에서 편안히 죽음을 맞이하기를 기대하는 것이다.

민간이 원하는 오복은 약간 다르다. 『서경』의 「통속」 편에서 말하는 오복은 유호덕 대신에 '귀(貴)', 즉 귀하게 되는 것, 고종명 대신에 '자손중다(子孫衆多)', 자손이 많은 것이라고 하였다.

이렇게 오복을 통해 옛날 우리나라나 중국에서 행복한 삶을 위해 중요하게 여긴 것이 무엇인지 알 수 있다. 이 중에서 무엇이 가장 마음에 와 닿는가?

행복과 관련하여 가장 관심을 끄는 심리학 연구[5]는 조지 베일런트(George Vaillant) 교수가 하버드대학교에 입학한 268명의 인생을 추적하여 조사한 연구 결과입니다. 이 연구는 행복하기 위해서는 어떻게 살아야 하는지 중요한 시사점을 줍니다.

수십 년간 추적조사를 한 결과를 보면, 행복의 조건은 좋은 대학을 졸업하거나 고액연봉을 받는 직장에 들어가는 것이 아니라, 주변 사람들과 애정 등을 통한 긍정적인 인간관계를 맺고 건강한 생활 습관을 갖는 것이었습니다. 비슷한 다른 연구도 좋은 인간관계가 행복의 주요한 조건이라고 결론짓습니다.

또한 행복의 조건으로 '고통에 대한 방어체계', 즉 고통에 대해 어떻게 대응하는지가 중요합니다. 동일한 어려움이나 위기에 처하거나 타인으로부터 거절당하고 좌절하더라도 그런 상황을 쉽게 이겨내는 사람이 있는가 하면, 거기에서 빠져나오지 못하고 불행한 상태로 사는 사람들이 있습니다. 이들의 차이는 어디서 나올까요? 바로 회복탄력성입니다. 고무줄은 탄력이 있기 때문에 외부에서 끌어당기는 힘의 크기와 상관없이 바로 원래 모습으로 돌아갑니다. 이처럼 어떤 자극에도 자신의 원래 상태로 회복하는 성질을 회복탄력성이라고 합니다.

회복탄력성이 높을수록 고통이나 괴로운 상태에 오래 머물지 않고 빨리 원래 자신으로 되돌아올 수 있죠. 이러한 회복탄력성을 높여주는 데 가장 중요한 것이 나를 지지해 주는 사람이라고 합니다. 그러니 행복에서 가장 중요한 것이 결국은 사람이며, 인간과의 긍정적인 관계일 것입니다. 지금 옆에 있는 사람들과 좋은 관계를 유지해보세요. 그러면 행복한 순간을 더 많이 경험할 겁니다. 그리고 회복탄력성도 높아질 것입니다.

행복은 살아가면서 추구해야 할 중요한 삶의 목표이자 조건입니다. 지금까지 살펴본 바에 따르면, 행복은 외부에서 오는 것이 아니라 내 안에서 찾는 것입니다. 그러나 사람들은 여전히 행복을 외부 조건에서 혹은 다른 사람들과 비교를 통해서 찾으려는 경향을 보입니다.

올더스 헉슬리가 쓴 『멋진 신세계』라는 소설[6]에는 완전한 세계라고 상정되는 사회가 나옵니다. 이 사회 구성원들에게는 불행을 느끼는 것 자체가 죄가 됩니다. 그래서 불쾌하거나 우울한 느낌이 들면 '소마'라는 약을 복용하여 그 기분에서 벗어나지요. 약 하나로 행복해지는 사회, 정말로 행복한 것일까요?

소마라는 약은 불행한 느낌을 제거해 주는 것이지, 행복을 주는 것은 아닙니다. 만약 내가 가진 어떤 조건 때문에 다른 사람들보다 행복하다고 느낀다면, 그 조건은 '멋진 신세계' 사람들이 먹는 소마 같은 역할을 할 뿐입니다. 소마에 속아서 느끼는 가짜 행복인 거지요.

티베트의 달라이 라마는 "어떤 순간에 행복이나 불행을 느끼는 것은 주변 여건과는 거의 관계가 없고, 오히려 상황을 어떻게 받아들이며 자신이 가진 것에 얼마나 만족하는가에 달려 있다"[7]라고 말합니다. "나는 행복한가?"라는 질문에 "예"라는 답이 나오지 않는다면 주변을 돌아보지 말고 자신의 내면을 들여다볼 필요가 있습니다.

나는 무엇을 추구하며 어떻게 살아가고 있나요?

조사 활동 주변 사람들이 생각하는 행복한 순간 인터뷰하기

1. 주변 사람들 중에서 인터뷰할 3명을 정한다.

2. 3명과 각각 인터뷰를 하면서 삶에서 행복한 순간 3가지를 물어보고, 마지막으로 행복이 무엇인지 비유를 들어 말해달라고 청한다. 대화 내용은 허락을 얻어 녹음한다.

3. 녹음한 내용을 기록하고 3명이 말한 행복한 순간의 공통점을 정리한다.

4. '내 주변 사람들이 발견한 행복'이라는 제목으로 인터뷰한 내용을 창의적으로 정리한다.

그림 활동 행복에 관한 명언을 찾아서 개념도 그리기

1. 인터넷이나 책에 행복에 대한 명언을 20개 정도 수집한다.

2. 명언에서 행복과 관련된 단어들을 추출한다.

3. 추출한 단어를 고려하여 행복을 가운데 놓고 다른 단어들과 연결하는 개념도를 그린다.

4. 완성된 개념도를 통해 자신이 생각하는 행복의 의미를 정리한다.

논술 활동 행복일기를 통해 행복의 의미 정리하기

1. 마음에 드는 노트를 마련한다.

2. 일주일이든 한 달이든 일정한 기간을 정하고, 행복한 순간을 기록하는 행복일기를 작성한다. 매일매일 행복하다고 느낀 순간, 그날의 행복을 위해 더 필요했던 것, 나에게 행복을 준 사람 등 나의 행복과 관련한 내용을 기록한다.

3. 행복일기를 마쳤으면 그 내용을 바탕으로 내가 생각하는 행복이란 무엇인지 에세이를 쓴다.

2 행복한 삶을 살기 위해 필요한 조건들

(!) 행복의 조건, 질 높은 정주환경, 민주주의, 적정한 경제수준, 도덕적 삶과 성찰

뉴욕의 증권회사에서 일하며 높은 연봉을 받는 유능한 사람이 3주간 휴가를 얻어 바닷가로 떠났습니다. 일에 쫓기던 생활에 보상이라도 받겠다는 듯이 빈둥빈둥 낚시도 하고 책도 읽으며 시간을 보냅니다. 그러던 어느 날 동네에서 한 낚시꾼을 만났습니다. 그 사람은 느지막이 나와 낚시를 하고, 웬만큼 생선을 잡았다 싶으면 그때부터는 놀기만 하다가 저녁이 되면 집으로 돌아갔습니다.

가만히 관찰해보니 더 열심히 낚시를 하면 생선을 훨씬 많이 잡을 수 있을 텐데도 낚시꾼은 매일 조금씩만 잡고 말 뿐이었습니다. 시간이 지나 서로 인사를 나누는 사이가 되자, 뉴욕에서 온 이가 낚시꾼에게 물었습니다.

"당신은 낚시 솜씨가 대단한데 왜 하루에 그 정도만 잡지요?"

낚시꾼이 답합니다.

"이 정도면 우리 가족이 먹기에 적당한데 더 잡아서 뭐 하게요?"

뉴욕에서 온 이가 다시 묻습니다.

"남은 것은 팔아야지요."

낚시꾼이 말합니다.

"팔아서 뭐하게요?"

"생선을 많이 잡아서 팔면 돈을 벌 수 있잖아요."

"그래서요?"

"그러면 부자가 되고, 배를 사서 생선을 더 많이 잡고 회사를 차리죠."

"그다음엔요?"

"돈을 많이 벌면 일하지 않고도 즐기면서 살 수 있고요."

"저는 이미 그렇게 하고 있는데요."

현대판 우화 같은 이 이야기를 읽으면서 나 자신은 뉴욕에서 온 이와 비슷한가, 아니면 낚시꾼과 비슷한가 생각해보았습니다. 누가 더 행복한 사람일까요? '부'가 행복의 조건이 될 수 있을까요?

행복한 삶을 위한 조건 ❶ : 질 높은 정주환경

"저녁에 돌아갈 집이 있다는 것"

나태주 시인의 시 「행복」의 첫 구절입니다. 인류가 수렵채집을 하면서 이동하던 시대에도 밤에는 주변의 위협으로부터 안전하게 머물 수 있는 동굴 같은 공간, 즉 집이 있었습니다. 그러다 정착생활을 하면서 안전만이 아니라 휴식을 위한 적정한 조건, 이웃과의 관계 등을 고려하면서 집을 짓고 마을을 이루게 되었지요.

철학자 하이데거는 "인간이 공간에 존재한다는 것은 어느 사물이 그릇에 존재하는 것과는 의미가 다르다"[8]라고 보았습니다. 그런 점에서 인간이 정주하는 공간은 단순히 물리적인 공간이 아닙니다. 주변과 관계를 맺는 매개체이고, 인간은 그 공간을 통해 관계 맺기의 주체가 될 수 있습니다. 그래서 동일한 공간일지라도 사람마다 달리 기억하고 부여하는 의미도 달라집니다. 평범한 곳도 누군가에게는 특별한 장소가 되는 것입니다.

산으로 둘러싸인 곳이든 바닷가든, 시골이든 대도시든, 사람들은 집을 짓고 가정을 이루며, 마을을 형성하고 정착하여 주변 사람들과 관계를 맺고, 일상을 나누면서 삶을 누려왔습니다. 가족 혹은 이웃들과 정을 나누며 살아가는 공간은 삶의 터전으로 정주 장소일 뿐만 아니라 자신을 확인하는 마음의 고향입니다. 그래서 자신이 살아온 공간은 개인의 역사가 각인된 장소이면서 삶의 기억 저장고인 셈이죠.

인간의 삶은 독자적이지 않아서 자신이 살았던 또는 현재 살고 있는 정주환경의 영향을 받습니다. 충북의 산이 많은 지역에서 태어나 자란 한 친구는 프랑스 파리로 유학을 갔는데, 산이 너무 그리워서 울었다고 했습니다. 낮은 구릉지대가 많은 프랑스에서 산을 보려면 알프스 지역까지 가야 하는데 가난한 유학생 처지에 파리에서 알프스까지 여행하기는 여의치 않았기 때문입니다. 바닷가에서 오래 생활하다 서울로 유학을 온 한 친구는 간혹 바다를 보고 와야 숨을 쉴 수 있다고도 했습니다.

이렇듯 거주 공간으로서 정주환경은 단순한 삶의 터전이 아니라 한 사

도시의 역사를 기억하고 저장하는 재생 사업

최근 세계적으로 쇠락하는 도시를 새롭게 개발하는 대신 도시의 역사를 담아내는 재생 사업이 활발하게 이루어지고 있다. 대표적으로 일본 요코하마의 '미나토미라이21'을 살펴보자. 미나토미라이21은 일본어로 항구를 뜻하는 '미나토'와 미래를 뜻하는 '미라이'에 21세기를 붙여서 만든 명칭이다.

'미래항구21'로 번역되는 이 사업은, 일본의 수도인 도쿄 옆에 위치한 일본 최대의 항만도시 요코하마에서 시행한 재생 사업이다. 요코하마는 일본의 근대화 과정에 개발된 도시였지만 1960년대 들어 지역의 조선 사업이 정체기에 접어들고, 항만시설도 노후화되면서 쇠락해갔다.

이에 도시의 역사를 보존하는 재생 사업을 실시한 것이다. 우선 1980년대 조선소를 도심으로 옮기고, 옛 조선소의 공간적 특징을 활용하여 공연장과 쇼핑몰 등을 만들었다. 과거 화물 열차가 오가던 철로를 산책로로 만들고, 1913년에 완성된 군사물자 보급기지인 3층짜리 빨간 벽돌 창고도 문화 상업시설로 재탄생시켰다.

이 외에도 도시개발 과정에서 주민의 의견을 반영하여 녹지를 최대한 확보하였으며, 난개발을 막기 위해 가로수, 간판의 크기, 건물 간격, 옥상 형태 등에 대해 세부적인 방침을 정했다. 또한 건물은 바다로 갈수록 낮게, 내륙으로 갈수록 높게 지어 아름다운 스카이라인을 형성하게 하였다.

미나토미라이21 사업은 지역 주민이 참여하고, 지역의 역사성도 보존한 도시 재생 사업의 모범 사례가 되고 있다.

참조 : "日 요코하마 40년 대역사 '미나토미라이21' 완성 눈 앞", 《매일신문》, 2008. 8. 5.

람을 만드는 장소이기 때문에, 인간의 행복을 위한 조건으로 볼 수 있습니다. 그래서 사람들은 더 나은 터전에서 살기를 바라지요.

그렇다면 더 나은 터전이란 어떤 곳일까요?

요즘 아파트 홍보 문구를 보면 지하철역에서 몇 분이나 걸리는지, 얼마나 대단지인지, 첨단 시설을 얼마나 갖추고 있는지, 단지 내 교통이 아이들에게 안전한지, 상가나 병원 같은 편의시설이 얼마나 가까운지 등을 내세웁니다. 물리적인 측면에서 이런 조건들은 행복한 삶의 조건으로서 중요한 정주환경과 관련이 있습니다. 그러므로 위험하거나 편리성이 낮거나 비위생적인 곳을 개선하여 질 좋은 환경으로 개선하는 정책은 당연히 필요합니다.

하지만 이런 물리적 조건과 더불어, 추억이 있고 그래서 그곳이 그리워지는 '고향'이라는 조건도 행복한 삶을 위해 중요하지 않을까요? 오로지 물리적 조건만 개선하기보다는 그곳에서 살아가는 사람들의 기억까지도 살려내는 정주환경 개선이 필요하지 않을까요?

행복한 삶을 위한 조건 ❷ : 경제적인 안정

'목구멍이 포도청'이라는 말이 있습니다. 먹고살기 위해서는 범죄도 저지른다는 뜻의 속담입니다.

행복한 삶을 위해서는 최소한 먹고살 수는 있어야 합니다. 현대국가가 '복(福)'지국가라는 표현을 쓰는 것도 행복한 삶의 조건에서 경제적인 측면을 무시하지 못하기 때문일 것입니다. 인간 삶의 마지노선으로 경제적 안정이 중요하기 때문에 많은 국가가 최저생계비를 고려하여 저소득층을 지원하는 것이고요.

행복의 조건으로서 경제적인 안정을 이야기할 때면 항상 '정말 돈이 많으면 행복할까?'라는 질문이 나옵니다. 여러 나라 사람들을 대상으로 조사한 행복의 순위를 보면 국가의 경제적 상황을 알려주는 국민총생산(GNP) 같은 경제지표와 행복감이 꼭 비례하지는 않았습니다. 그런데도 국가는 경제 성장을 강조하고, 개인도 돈을 삶에서 중요한 목적으로 삼지요. 그러므로 경제적인 안정도 행복을 위한 하나의 조건이라고 보아야 합니다.

질문을 바꾸어보겠습니다. 소득과 행복감은 비례할까요? 이와 관련하여 두 가지 주장이 있습니다.[9] 하나는 이스털린의 역설(Easterlin's paradox)이라고 하는데, 일정한 소득은 행복을 위한 조건이지만 꼭 비례하지는 않는다는 것입니다. 이와 반대로 소득은 행복한 삶의 기본적인 조건이기에, 소득이 높을수록 행복감도 높아지는 게 일반적이라고 주장하는 학자도 있습니다. 여러분은 어떻게 생각하나요?

여기서 한 가지 더 생각해볼 점이 있습니다. 경제적 안정은 소득이 높은 것만을 뜻하지 않는다는 점입니다. 행복이 주관적이라고 했지요. 마찬가지로 경제적 안정에도 주관적인 측면이 존재합니다. 그래서 절대적 빈곤만이 아니라 공동체의 다른 구성원들에 비해 내가 더 빈곤하다고 느끼게 되는 상대적 빈곤도 고려해야 합니다.

내가 속한 사회에서 분배가 불공정하다고 느끼거나 노력해도 더 나은 위치로 올라가기 어려울 정도로 사회적 불평등이 심화된 것은 아닌지도 중요한 문제입니다. 그러므로 단순히 나의 소득이 높으면 될 일이 아니라

빈곤의 두 가지 모습, 절대적 빈곤과 상대적 빈곤

일반적으로 빈곤은 절대적 빈곤과 상대적 빈곤으로 구분한다. 절대적 빈곤은 최저 생활도 유지하기 어렵다고 판단되는 수준 이하의 소득을 버는 경우를 의미한다. 이때 수준 이하의 소득은 국가에서 정한다. 우리나라의 경우 매년 정하는 최저생계비에 미치지 못하는 소득을 버는 경우를 말한다. 전체 가구 중 소득이 최저생계비에 미치지 못하는 가구의 비율을 절대빈곤율이라고 한다.

상대적 빈곤은 그 사회의 구성원과 비교하여 상대적으로 소득수준이 낮은 상태를 의미한다. 우리나라의 경우 전체 가구를 소득에 따라 한 줄로 세울 때 중간에 위치한 가구가 버는 소득의 반에 미치지 못하는 소득을 버는 사람들을 말한다. 또한 전체 가구 중 소득이 중위 소득의 절반에 이르지 못하는 가구의 비율을 상대빈곤율이라고 한다.

쉽게 말해 절대적 빈곤이 최소한의 인간적인 삶을 누리기 위해 필요한 소득도 벌지 못하는 상태라면, 상대적 빈곤은 다른 사람들의 소득과 비교하여 그 사회에서 중앙값에 있는 사람들의 소득의 반 이하를 버는 것이다.

과거에는 많은 나라들이 절대빈곤율을 신경 썼으나 국가의 경제가 일정 수준에 오르면서 상대빈곤율에 점점 관심을 가지게 되었다. 상대적 빈곤을 경험하는 사람이 많아진다는 것은 사실상 그 사회가 경제적 불평등이 큰 사회라고 볼 수 있기 때문이다. 또한 이로 인해 사회 구성원 간에 갈등이 심화될 가능성이 높기 때문이다.

사회 전반적으로 적정한 소득을 고르게 가져서 경제적인 안정을 누리는 것이 중요한 행복의 조건이라고 할 수 있습니다.

행복한 삶을 위한 조건 ❸ : 민주주의의 실현

민주주의는 '국민의' 지배를 받는 정치제도로, 시민이 주권을 가지고 스스로 주권을 행사하여 정치적 의사결정을 하는 것, 또는 그것을 지향하는 이념입니다. 인류 역사를 보면 신분제 속에서 왕과 같은 절대자가 자신이나 특정한 지배집단을 위한 의사결정을 하면서 통치하는 독재주의나 전제주의에 대응되는 것이 민주주의입니다.

독재주의나 전제주의 상태에서 대다수의 개인들은 자신이 원하는 것을 자유롭게 말할 수 없고 항상 권력을 가진 독재자의 의도를 따르게 됩니다. 역사 속에는 독재주의나 전제주의 국가에 저항하거나 개인의 자유를 주장하다가 죽음에 이르거나 투옥된 사람들이 수없이 많지요. 수많은 독재자들이 권력을 남용하면서 부정부패가 심해지고 정권을 유지하기 위해 전쟁을 벌이는 등 국민의 삶은 전혀 고려하지 않았습니다. 그러한 상황에서 개인이 행복을 추구할 수 있을까요. 그러므로 민주주의는 행복의 조건일 수밖에 없습니다.

민주주의의 근원은 아테네의 직접 민주주의에서 찾을 수 있습니다. 그런데 역사학자들은 아테네에서 직접 민주주의가 가능했던 것은 수많은 노예들 덕분이라고 합니다. 그들이 노동을 대신해주어 시민들은 노동에서 자유로웠기 때문에 정치에 참여할 수 있었다는 거죠.

근대사회로 넘어가자 많은 나라가 직접 민주주의 대신에 선거를 통해 정치 대리인을 뽑는 대의 민주주의를 택했습니다. 대의 민주주의에서도 주권을 가진 시민들은 여론 형성, 시민운동 등을 통해 다양하게 정치에 참여함으로써 민주주의를 발전시켜왔습니다.

민주주의는 정치 영역에서만이 아니라 일상적인 생활 원리로도 적용됩니다. 어떤 문제가 생겼을 때 몇 사람이 독재적으로 해결 방법을 결정하지 않고, 여러 사람들이 서로 인격과 의사를 존중하면서 대화하고 타협하며 의견을 조정하는 과정이 바로 일상에서의 민주주의입니다.

교실에서 학생들끼리 소풍을 어디로 갈지 의견을 내고 합의하여 의사 결정 경험을 하는 것도 일상에서의 민주주의 사례입니다. 학생 시절에 이런 과정을 경험해야 '모든 구성원은 자신이 평등하다고 느끼며 자유로운 의견을 내는 것이 정치적 주권을 가진 존재로서 당연한 행위'라는 것을 배울 수 있습니다.

일상적인 생활 원리로서 민주주의까지 고려하면, 민주주의란 모든 사람이 서로를 주인으로서 대접하고 존중하는 공동체를 만드는 것이라 할 수 있습니다. 바로 이 점에서 민주주의는 행복한 삶을 위한 중요한 조건입니다. 교실에서, 가정에서, 친구들과의 관계에서도 말이지요.

행복한 삶을 위한 조건 ❹ : 도덕적 삶과 성찰

'돈이 행복에 영향을 미칠까?'라는 논의에서 더 나아가 조금 다른 생각을 해봅시다. 자신을 위해 돈을 쓰는 것과 다른 사람을 위해 돈을 쓰는 경우에 행복감이 다를까요?

한 심리학자가 관련 실험을 했습니다.[10] 결과는 여러분도 눈치를 챘을 것입니다. 자신을 위해 돈을 쓴 사람들에 비해 다른 사람을 위해 돈을 쓴 사람들이 행복감을 더 많이 느꼈다고 합니다. 사실 여기서 핵심은 '돈을 쓰는 것'이 아니라 '타인을 위한' 행위입니다.

뉴스에서 들리는 소식은 어떤가요? 남을 속이고 사기 친 사람, 범죄를 저지르고 돈을 훔쳐 숨어버린 사람, 보험금을 타기 위해 사람을 죽인 사람이 있습니다. 이와 반대로 다른 사람의 생명을 구하고 죽은 사람, 전 재산을 기부한 사람, 역경을 견뎌내고 성공한 사람도 있습니다. 두 집단의 차이는 무엇입니까? 여러분은 어떤 사람들의 삶을 지지하며 닮고 싶은가요?

우리는 다양한 목표를 세우고 하루하루 살아갑니다. 그런데 삶에서 자신의 목표와 행위가 도덕적인지 아닌지 판단하고 성찰하는 이들이 있는가 하면 도덕과 무관하게 살아가는 이들이 있습니다. 수많은 철학자들이 도덕적 성찰과 행위를 최고의 선으로 보았으며, 그런 선택을 한 사람들이 위인으로 존경받습니다. 그리고 그들뿐만 아니라 그러한 선택으로 혜택을 누린 수많은 사람들이 기쁨과 행복감을 느낍니다.

일제 강점기에 윤동주 시인은 "하늘을 우러러 한줌의 부끄럼이 없기를" 기도했습니다. 이처럼 강하게 도덕적으로 성찰하며 살기는 힘들겠지요. 삶은 환경이나 제도에 영향을 받기에 완전히 개인적으로 도덕적 선택만을 하며 살기는 어렵습니다. 그러나 진정한 행복을 느끼는 가장 쉬운 길은, 어쩌면 자신을 도덕적으로 성찰하고 도덕적 행위를 하는 순간들일 것입니다.

행복은 내 안에서, 다른 사람과 함께

사실 행복은 감정입니다. 주관적 인식이기도 하고요. 그렇다고 해서 온전히 개인의 삶의 조건으로만 결정되는 것은 아닙니다. 어떤 경우엔 행복을 종종 삶의 질로 파악하기도 하는데, 실은 개인적인 측면에서만이 아니라 사회적인 측면이나 환경 등 모든 것이 고려 대상이 됩니다.

앞에서 질 높은 정주환경, 경제적 안정, 민주주의, 도덕적 성찰과 행위 등을 행복의 조건이라고 얘기했지요. 알고 보면 이러한 조건들이 모두 타인이나 공동체와 관련되어 있습니다. 그래서 행복은 내 안에서 찾아야 하는 것이면서, 동시에 다른 사람들과 함께 누려야 하는 것입니다.

친구들과 즐거운 시간을 보내는 순간, 우리 마을 사람들의 기억이 담겨 있는 장소를 보존하자는 생각이 드는 순간, 무언가 행동할 때 그것이 미칠 사회적 영향력도 같이 생각하는 순간, 불의를 보고 나와 상관없다 느끼지 않고 여러 사람이 같이 문제 삼는 순간, 누구나 노력하면 성공할 수 있는 사회에 살고 싶다고 주장하는 순간, 정의롭지 못한 정부를 향하여 국민에게 주권이 있음을 주장하는 그 순간⋯⋯. 그런 순간들이 모여서 행복한 삶의 조건을 만들어냅니다.

행복은 개인이 누리는 것이지만, 다른 사람들 속에서 누리는 것임을 잊지 말아야 합니다.

지금 당신은 행복합니까?

다른 사람들과 함께 행복합니까?

조사 활동 '행복'을 위한 삶의 조건 만들기

1. 내가 생각하는 행복을 위한 구체적인 조건을 20가지 정해본다. (예: 아플 때 돈이 없어서 치료를 받지 못해서는 안 된다, 공부를 못한다고 무시당하거나 차별받아서는 안 된다 등)

2. 자신이 만든 조건 20개에 대하여 100명을 대상으로 순위를 정하게 한다. (조사표를 만들어서 순위를 적게 하고 순위의 평균을 내서 전체 순위를 정한다.)

3. 자신이 만든 조건을 1~20순위로 배치하고, 이를 위한 구체적인 방안을 제시하여 행복한 삶을 위한 조건을 정리한다.

3 나는 어떤 국가에서 살고 싶은가?

⚠️ 유엔 세계행복보고서, 국가별 행복지수, 덴마크의 행복지수, 부탄의 행복지수, 헬조선이라는 대한민국

'**헬**조선'이라는 말이 유행입니다. 헬조선은 지옥을 뜻하는 헬과 조선의 합성어입니다. 한국은 지옥과 가까울 정도로 희망이 없는 사회, 살기가 힘든 나라라는 의미로 사용합니다.

청년실업이 늘어나면서 아무리 노력해도 자신의 상황을 개선할 수 없게 된 청년들이 한국 사회의 구조적 현상을 적나라하게 표현한 말이지요. 헬조선을 검색하면 연관 검색어로 '탈조선, 지옥불반도, 개한민국/망한민국' 등이 나옵니다. 탈조선은 헬조선을 떠나 다른 나라로 이민을 간다는 뜻이고 지옥불반도나 개한민국, 망한민국은 헬조선의 또 다른 표현입니다.

청년들이 나라를 떠나고 싶다고 생각하는 이유는 또 다른 연관 검색어인 '흙수저' '금수저'에서 알 수 있습니다. 일명 수저계급론으로, 한국 사회

의 청년실업과 계층 문제를 바라보는 주요 용어입니다. 수저계급론은 '은수저를 물고 태어나다(born with a silver spoon in one's mouth)'라는 영어 표현에서 나온 것으로 보입니다. 이는 유럽의 귀족들이 아이에게 은수저를 사용하게 한 것에서 유래한 말입니다.

흙수저는 전혀 값어치가 없는 흙으로 만든 수저를 물고 태어났다는 것, 즉 부모의 경제적 수준이나 직업, 사회적 명망 등에서 어떠한 도움도 받지 못하는 상황을 말합니다.

이와 달리 부모가 자녀의 사회적 성공에 배경이 되어주는 정도에 따라 금수저, 은수저, 동수저라고 표현합니다. 개인의 노력보다는 부모의 계층이 대물림되는 사회를 희화화한 것이지요. 최근에는 수저계급론에서 가장 낮은 똥수저론까지 나왔습니다.

헬조선과 흙수저를 이야기하는 사회, 노력해도 대가를 정당하게 얻지 못하고 희망이 없는 사회에서 가장 큰 문제는 상대적 박탈감입니다. 그리고 이 이야기를 듣는 부모들은 자신이 자녀에게 아무런 배경이 되어주지 못한다는 죄책감을 느끼게 됩니다. 헬조선에서 탈조선하지 않으면서도 행복해지려면 우리, 그리고 우리 사회는 무엇을 해야 할까요?

국민의 행복을 위해 국가가 할 일은?

유엔에는 여러 산하 기관이 있습니다. 그중에 '지속 가능한 발전 해법 네트워크(SDSN, Sustainable Development Solution Network)'라는 기구가 있습니다. 2012년에 만들어진 기구로 유엔에서 강조하는 지속 가능한

잠깐! 더 배워봅시다

유엔의 세계행복보고서와 행복지수

유엔의 '지속 가능한 발전 해법 네트워크(SDSN)'는 2012년부터 나라별로 1인당 국내총생산(GDP), 기대 수명, 사회적인 지원, 정부와 기업의 투명성 등을 종합적으로 평가해 국가별 행복도를 산출하여 발표하고 있다. 구체적인 항목은 다음과 같다.

첫째, '1인당 국내총생산'은 전년도에 세계은행이 발표한 각 나라의 국내총생산 자료를 바탕으로 달러의 구매력 등을 환산한 값을 사용한다. 한 나라의 경제 규모와 발전 정도를 파악할 수 있다.

둘째, '건강을 고려한 기대 수명'은 세계보건기구 등의 자료를 통해 건강한 수준에서의 기대 수명을 고려하고, 기대 여명 등을 참조하여 자료를 산정한다. 이 자료는 국가별로 한 사람의 보건이나 복지 등을 파악할 수 있는 지표이기도 하다.

셋째, '사회적인 지원'은 갤럽의 조사를 통해 얻은 주관적인 응답의 평균을 사용한다. "만약 당신이 어려움에 처해 있다면, 당신을 도와줄 친척이나 친구가 있는가?"라는 질문을 하고 '예', '아니오'의 선택에 따라 각각 1, 0점을 부과한다. 제도적인 측면의 지원이 아니라 사회적인 인간관계에 초점을 두고 있다.

넷째, '삶을 선택할 자유' 또한 갤럽의 조사를 통해 얻은 주관적인 응답의 평균을 사용한다. 질문은 "당신이 어떤 삶을 살 것인지 선택할 수 있는 자유에 만족하나요, 만족하지 않나요?"이며, '만족한다', '만족하지 않는다'의 선택에 따라 각각 1, 0점을 부과한다. 한 사회에서 느끼는 삶 전반의 자유 정도를 측정하려는 것이다.

다섯째, '관대함'은 국내총생산의 국가별 평균값을 고려하여 "지난 달에 자선 단체에 기부한 적이 있느냐?"라는 갤럽의 조사에 응답한 값을 사용한다. 공동체를 이루고 살아가는 타인에 대한 관심과 책임 등을 파악할 수 있다.

여섯째, 투명성은 '부패에 대한 인식'으로 파악되는데, 이 또한 갤럽을 통해 "정부에 부패가 널리 퍼져 있는가, 아닌가?" "기업에 부패가 널리 퍼져 있는가, 아닌가?"라는 두 가지 질문을 주고 주관적으로 응답하게 하고 있다. 한 사회가 투명하고 민주적으로 움직이는지를 정치와 경제적인 측면에서 파악하려는 것이다.

일곱째, 사람들의 '단기적인 감정'도 고려하는데, 이는 갤럽의 조사를 통해 조사 시간 전에 경험한 긍정적 감정과 부정적 감정에 대한 주관적 평가를 사용한다. 주로 웃은 횟수, 오늘의 우울 정도 등에 관한 것으로 6개의 질문으로 구성되어 있다.

출처 : 2017 세계행복보고서

발전을 위해 과학기술과 지구촌의 경제·사회·환경의 조화로운 연계를 강조하며, 개별 국가들이 자국민의 삶의 질을 개선하도록 지원합니다.

이 기관은 설립되고부터 매년 세계행복보고서를 발표하고 있습니다. 세계행복보고서는 나라별로 기대 수명, 소득과 같은 객관적인 지표와 함께 자유, 사회적 지지 등에 대하여 국민을 대상으로 하는 주관적인 측면의 설문조사 결과, 그리고 유엔이 측정한 국가별 인권지수 등을 고려하여 각 나라 국민들이 느끼는 행복 정도에 순위를 매깁니다.

2017년 3월에 발표한 '2017 세계행복보고서'에 따르면 우리나라는 155개국 중 행복도 56위입니다. 짐작하겠지만 상위권에는 북유럽 국가들이, 하위권에는 아프리카 국가들이 많이 포진해 있습니다. 1위를 한 나라는 덴마크입니다. 그다음이 아이슬란드, 스위스, 핀란드, 네덜란드 순입니다. 우리나라는 전년도 보고서에서 56, 41, 47, 58위를 했습니다. 40~50위권 안에서 박스권을 형성하면서 조금씩 움직이는 정도입니다. 우리나라의 순위가 낮은 편인 까닭은 '투명성(청렴)', '사회적 지지', '자유' 같은 사회적 측면에서 점수가 낮았기 때문입니다.

덴마크는 거의 해마다 1위를 기록했습니다. 덴마크 국민들의 행복지수가 높은 이유는 무엇일까요? 덴마크의 말레네 뤼달은 『덴마크 사람들처럼』[10]이라는 책에서 10가지 키워드를 제시했습니다. "신뢰, 교육, 자유와 자율성, 기회균등, 현실적인 기대, 공동체 의식, 가정과 일의 균형, 돈에 초연한 태도, 겸손, 남녀평등"이 그것입니다.

한국의 오연호라는 저자는 직접 덴마크에 가서 그곳 사람들과 인터뷰를 한 후에 『우리도 행복할 수 있을까』라는 책을 썼는데요, 이 책은 덴마크의 행복을 '자유, 안정, 평등, 신뢰, 이웃, 환경'이라는 6가지 키워드로 설명했습니다. 이 6가지 키워드를 같이 살펴볼까요?

행복지수 1위 덴마크 국민의 행복 비결 6가지[12]

자유 : 학교나 진로 등 삶에서 자유로운 선택이 가능하고, 그에 대해 사회가 차별하지 않는다.

안정 : 튼튼한 사회복지로 인해 위험한 상황에서도 안정적인 지원망의 도움을 받는다.

평등 : 사회적 불평등이 적고 차별이 거의 없기에 남을 부러워하지 않으며 각자 자신의 일에 자부심을 가지고 동등한 구성원으로서 역할을 수행한다.

신뢰 : 사회복지가 잘 되어 있어 세금 부담률이 매우 높은데도 세금을

내면 정부가 제대로 사용하여 좋은 나라를 만든다는 믿음을 가지고 있으며, 정부 또한 그런 평가를 받기 위해 최선을 다한다.

이웃: 다양한 협동조합이나 공동체 활동 등 사회적 경제나 사회적 네트워크를 통해 연대하고 협동하는 것을 강조하여 외롭지 않다.

환경: 자연 에너지를 주로 사용하고, 친환경적인 삶을 통해 환경을 지키는 일을 중시한다.

이 6가지 키워드는 유엔의 지속 가능한 발전 해법 네트워크가 세계행복보고서를 작성하면서 고려하는 평가 기준인 '경제·사회·환경에서의 조화로운 연계'와 '개별 국가의 사회적 신뢰와 평등'과 일치합니다. 이 6가지 키워드로 가정, 학교, 직장, 지역 공동체 등이 유지되기에 그 구성원이 행복할 수 있는 것이겠지요.

유엔의 지속 가능한 발전 해법 네트워크는 세계행복보고서를 통해 많은 나라가 국민을 위해 무엇을 어떻게 해야 하는가에 대한 답을 제공합니다. 그리고 매년 발표하는 순위의 세부적인 점수들을 통해 국민이 진정한 행복을 위해 국가에 무엇을 요구해야 하는지를 알려줍니다.

국가는 국민의 행복을 위해 존재한다, 부탄에서는 무엇을 배울 것인가?

덴마크와는 다른 의미에서 행복을 말할 때 빠지지 않는 나라가 있습니다. 바로 부탄입니다. 부탄은 유엔에서 발간한 세계행복보고서에는

부탄 푸나카의 로베사 마을에 있는 전통 시장. 부탄은 1인당 국민소득이 우리나라의 10분의 1 수준이지만, 국민들이 느끼는 행복의 수준은 우리보다 월등히 앞서 있다.

70~80위권에 있습니다. 순위로만 보면 우리나라보다 행복도가 낮습니다. 하지만 유엔의 세계행복보고서가 나오기 전 유럽신경제재단이 2010년에 실시한 국가별 행복지수 조사에서는 부탄 국민의 97%가 행복하다고 답하여 세계 1위를 차지했습니다.

유엔의 세계행복보고서와 왜 순위가 다를까요? 바로 두 기관의 조사 내용과 방법이 다르기 때문입니다. 유엔의 보고서는 객관적인 지표와 주관적인 인식을 묶어서 순위를 정하는데, 유럽신경제재단의 국가별 행복지수는 오로지 국민들에게 행복 여부를 질문한 결과만을 따지기 때문에 주관적 행복감만을 고려합니다. 참고로 같은 조사에서 우리나라는 68위였습니다.

부탄은 1인당 국민소득이 우리나라의 10분의 1 정도입니다. 그래서인지 부탄을 설명하면서 '가난하지만 행복한 나라'라는 표현을 합니다. 『부탄 행복의 비밀』[13]이라는 책에 따르면, 부탄 국민들이 가난한데도 행복한 이유를 알 수 있습니다. 무상교육과 무상의료와 같은 복지정책이 잘 마련되어 있고, 첫눈이 오면 공휴일인 데다가, 국민이 찬성하지 않으면 정부가 정책을 집행하지 않으며, 국토의 60% 이상 산림을 유지하는 등 국민 눈높이에 맞춘 정책으로 국가를 운영합니다. 그래서 행복지수 1위가 가능한 것입니다.

부탄은 국가 정책 목표도 경제 성장이 아니라 행복지수 증진으로 두고, 물질적 행복이 아니라 정신적 행복에 초점을 둡니다. 부탄은 국민총행복지수라는 것을 만들어 정책 목표로 관리하는데요, 여기에 전통문화 보존, 환경보호, 부의 공평한 분배 등이 포함됩니다. 이를 구체화하기 위해 헌법 제9조에 "정부는 국민총행복지수를 성취하는 데 필요한 모든 역량을 총동원한다"라고 정해두었습니다.

우리나라 헌법 제10조 "모든 국민은 인간으로서의 존엄과 가치를 가지며 행복을 추구할 권리를 가진다"라는 조항과 유사하지만, 부탄은 정부가 이를 위해 최선을 다해야 한다는 점을 강조한다는 차이가 있습니다. 그래서인지 부탄은 국민을 행복하게 하지 못한다면 그 정부는 존재할 이유가 없다고 주장합니다.

헬조선이라고 불리는 우리나라도 정부의 존재 의미를 다시 생각해보아야 할 것입니다.

헬조선을 넘어 행복한 대한민국을 위하여

행복한 나라로 꼽히는 덴마크나 부탄의 사회적 조건을 헬조선이라고 불리는 우리나라와 비교해보면, 우리나라에 몇 가지 변화가 필요하다는 점을 알 수 있습니다.

첫째는 평등과 공정한 분배입니다. 덴마크나 부탄 모두 경제규모와 상관없이 국민에게 다양한 복지혜택을 줍니다. 그래서 대부분의 국민들이 크게 불평등하지 않은 삶을 살고 있습니다. 사회가 평등하면 사람들은 각자 삶의 목표와 개성에 따라 자유롭게 살 수 있습니다. 남과 비교하지 않으면서 온전히 자신을 위해 살 수 있기 때문입니다.

둘째, 사회 안전망입니다. 사회 안전망은 다양한 복지제도를 통해서 개인이 위기에 처하더라도 국가가 안전하게 살 기회를 제공할 것이라는 신뢰를 줍니다. 그러면 사람들은 세금 내는 것을 두려워하지 않을 것이며, 더불어 사는 다른 사람에 대한 연대감도 가질 수 있습니다.

셋째, 환경 친화적인 정책입니다. 두 나라 모두 자연환경이나 생태계 보호를 강조합니다. 아마도 인간이 자연을 지배하여 얻게 되는 가치나 물질적인 성공보다는 자연과 함께 공존하는 가치가 인간의 삶을 더 윤택하게 하고, 이것이 국민을 행복하게 만들기 때문일 것입니다.

넷째, 각자 마음에서 행복을 위한 노력을 해야 합니다. 덴마크는 남과 비교하지 않고 겸손함을 유지하는 경향이 있고, 부탄은 정신적 행복을 추구합니다.

다섯째, 무엇보다도 정부가 평범한 국민을 위해 존재해야 합니다. 덴마크와 부탄은 둘 다 입헌군주국입니다만, 정치적 활동에서 지배층이나 기득권층보다는 보통 국민들을 위한 정치를 중요한 정책 방향으로 여기고 실천합니다.

우리는 행복이 삶의 중요한 목표라는 것을 알고 있습니다. 그런데 관련 지표를 살펴보면 우리나라는 경제 성장에 비해서 국민이 느끼는 행복도 가 상당히 낮습니다. 이유가 무엇일까요? 바로 수저계급론, 헬조선이라는 표현에서 알 수 있듯이, 불평등과 불의 때문입니다.

그러나 덴마크 등 많은 나라의 자료를 읽다 보면 희망을 갖게 됩니다. 이들 나라도 지금 같은 평등과 신뢰를 쌓은 지 그리 오래되지 않았으며, 수많은 위기를 겪으며 국민과 정부가 노력하여 지금의 결과를 만들어냈 음을 알 수 있기 때문입니다.

탈조선만이 방법이 아닙니다. 우리 스스로 행복한 나라, 대한민국을 만 들어야 합니다. 그리고 정부에 그런 나라를 만들어달라고 요구해야 합니 다. 그래야만 우리가 가는 이 길 위에 행복한 나라, 대한민국을 발견할 수 있을 것입니다.

조사 활동 **국민이 행복한 대한민국 만들기**

1. 국민이 행복한 대한민국을 만들기 위한 질문을 5개 정도 만든다.

   (예: '국민이 행복하다는 것은 무엇을 의미한다고 생각하세요?'

   '우리나라 국민이 행복하기 위해서 가장 중요하게 바뀌어야 할 것은 무엇

   이라고 생각하세요?'

   '국민이 행복한 대한민국이 되기 위해서 국민들이 중요하게 여겨야 할 가

   치는 무엇이라고 생각하세요?' 등)

2. 주변 사람들 10명에게 위의 질문을 하고 답변을 정리한다. 필요하다면 사

   전 허락을 구하고 녹음을 한다.

3. 답변 중에 연관되는 내용을 묶어서 그에 대한 주제어를 뽑고('불평등 완

   화' '부패 없애기' 등) 관련 내용을 정리한다.

4. 뽑은 주제어를 바탕으로 국민이 행복한 대한민국을 위한 제안서를 작성

   한다.

꾸뻬 씨의 행복 여행

문학	미술	영화	뮤지컬
V			

프랑수아 를로르의 소설로 2004년에 출간되었다.
동명의 영화로도 만들어졌다.

줄거리

저자는 프랑스의 정신과 의사다. 책의 주인공인 꾸뻬 씨도 정신과 의사다. 바쁘게 환자들을 돌보던 주인공은 자신이 행복하지 않음을 깨닫고 여행을 떠난다. 여행길에서 다양한 사람들을 만나고, 그때마다 얻은 행복에 관한 배움을 다음과 같이 기록했다.

"배움 1. 행복의 첫 번째 비밀은 자신과 다른 사람을 비교하지 않는 것이다."

"배움 12. 좋지 않은 사람에 의해 통치되는 나라에서는 행복한 삶을 살기 어렵다."

여행을 마치고 돌아온 꾸뻬 씨는 알프레드 디 수자(Alfred D. Souza)의 시 중 일부를 카드에 담아 사람들에게 선물한다. 그 내용은 다음과 같다.

춤추라, 아무도 바라보고 있지 않은 것처럼

사랑하라, 한 번도 상처받지 않은 것처럼

노래하라, 아무도 듣고 있지 않은 것처럼

살라, 오늘이 마지막 날인 것처럼

주제 던지기

행복이라는 주제와 관련하여 앞에서 살펴본 내용, 그리고 『꾸뻬 씨의 행복 여행』이라는 책을 보면 행복과 관련하여 두 가지 주장을 할 수 있다.

주장 ① 개인의 행복에는 각자의 노력이 우선되어야 한다.

왜냐하면 행복이라는 것은 개인이 주관적으로 느끼는 감정이기 때문이다. 그러므로 자신과 타인을 비교하지 않고, 삶의 목표를 스스로 설정하고 이에 도달하려고 노력할 필요가 있다. 그러면 한 인간으로서 어떤 삶을 살아야 하는가에 대한 자신만의 답을 찾아가면서, 순간순간마다 경험하는 행복을 찾아낼 수 있다.

주장 ② 개인의 행복을 위해 국가가 최선을 다해야 한다.

왜냐하면 아무리 행복이 주관적인 감정일지라도 개인은 사회적 존재라서 다른 사람과 비교하게 되고, 사회적 조건에 의해서 행복을 달리 느끼게 되기 때문이다. 그러므로 유능한 정부가 국민의 삶의 질을 높이기 위해 노력해야 한다. 정치적인 자유, 경제적 발전과 함께 평등한 분배, 그리고 좋은 환경 조건을 유지하는 것 등이 이에 해당한다. 이런 사회적 조건 속에서 개인들은 행복한 삶을 누리게 될 것이다.

토론 주제

행복한 삶을 위해서 개인의 노력이 더 중요한가, 아니면 국가의 노력이 더 중요한가?

2장

우리를 둘러싼 자연환경 이해하기

✳ 자연환경과 인간생활

사람이 손으로 만든 모든 것은 반드시 아름답거나 추한 모습을 띤다.
자연과 조화를 이루면 아름다운 것이고,
자연과 조화를 이루지 못하거나 자연에 위협을 가하면 추하다.
—윌리엄 모리스(영국의 화가이자 예술가)

1 자연환경은 인간의 삶에 어떤 영향을 주는가?

(!) 의식주, 가치관과 제도, 자연환경을 극복하려는 노력

오래전에 일 때문에 캐나다의 에드먼턴이라는 도시에 갔습니다. 캐나다 중부 내륙에 위치한 이 도시는 새벽 2시가 되어도 완전히 해가 지지 않아 쉽게 잠을 자기 어려웠습니다. 암막커튼으로 가려도 원하는 어둠을 얻기가 쉽지 않았지요. 도심을 이동하면서 보니 대다수 사람들이 지상 도로보다 지하 연결 통로를 많이 이용하였습니다. 주요 상가도 지하에 많이 있었고요. 지하 연결 통로를 보여주는 지도도 잘 마련되어 있어서 이동하기가 매우 편했습니다. 현지인에게 물어보니 겨울에 눈이 많이 내릴 때 지하 통로가 편하다고 설명했습니다.

뉴질랜드에 가면 초기에 뉴질랜드로 이주한 중국인들이 만든 집을 볼 수 있습니다. 그런 집에는 창이 없습니다. 그 이유는 이들이 북반구에 위치한 중국에서 살 때 남향집을 짓던 습관 때문입니다. 북반구에는 남향

집을 지어야 낮에 드는 해로 보온을 할 수 있는데, 뉴질랜드는 남반구에 있다는 것을 모르고 남향으로 창을 내서 집을 지은 것입니다. 뉴질랜드에서 남향 창은 아무 쓸모가 없고 도리어 겨울에 더 추울 뿐이라는 걸 알게 되자, 아예 널빤지로 창을 가려서 창이 없는 집이 된 것입니다.

자, 이 두 가지 이야기에서 어떤 공통점을 찾을 수 있을까요? 자연환경에 따라 변화하는 생활양식을 발견했나요?

자연환경에 적응하며 탄생한 다양한 의식주

자연환경은 크게 지형과 기후로 나눌 수 있습니다. 지형은 산지, 평야, 해안 등으로 다양하게 나타나고, 기후는 강수량과 기온 등에 의해 기후대가 형성됩니다. 그리고 둘 다 사람들의 삶에 큰 영향을 미치지요.

인간은 자연환경에 적응하면서 살아왔습니다. 그래서 해안에서는 어업을 하고, 평야에 사는 사람들은 농업에 종사하는 경우가 많은 겁니다. 산지에서는 목축업이나 임업 등에 종사했고요.

그러나 자연환경이 같다고 해서 사는 모습까지 같지는 않습니다. 같은 평야라도 기후대에 따라 생산하는 작물이 다릅니다. 우리나라도 북이나 남으로 한계선이 있어서 특정 작물이 그 한계선 안에서만 자라고, 같은 바다라도 잡을 수 있는 생선의 종류가 다릅니다. 그러니 먹는 음식만이 아니라 집이나 옷을 만드는 데 들어가는 재료도 달라지죠. 이렇듯 자연환경은 사람들의 의식주에 두루 영향을 미칩니다.

기후는 집 모양에 영향을 줍니다. 지붕만 봐도 그렇지요. 비가 거의 오

눈이 많이 오는 지역에서 볼 수 있는 급경사 모양의 지붕. 자연환경에 따라 의식주의 모습은 크게 달라진다.

지 않는 지역에서는 지붕이 평평하고, 눈이 많이 오는 지역에서는 눈의 무게가 지붕을 누르지 않고 쉽게 지면으로 떨어질 수 있도록 지붕이 급경사를 이루게 만듭니다. 스콜 등으로 순식간에 비가 많이 오는 지역은 처마를 앞으로 길게 내어 비를 피할 공간을 만드는 등 강수량에 따라 지붕 모양이 다릅니다.

돌집, 통나무집, 얼음집, 흙집 등 집을 만드는 재료 또한 자연환경에 따라 달라집니다. 창의 크기나 방향 또한 기후나 지형과 같은 자연환경의 영향을 받지요.

온돌과 마루가 있는 우리나라의 한옥은 추운 겨울과 더운 여름이라는 환경에 적응해야 했던 선조들의 지혜로운 선택입니다. 추운 겨울을 보

잠깐! 더 배워봅시다

동장군 때문에 전쟁에서 패한 나폴레옹

19세기 초 시민혁명 이후 프랑스의 황제가 된 나폴레옹은 영국을 비롯한 유럽의 여러 나라와 전쟁을 치른다. 민족주의적 성격으로 시작된 이 전쟁이 심화되면서 나폴레옹은 영국을 고립시키기 위해 유럽 대륙과 영국의 교역을 막는 대륙봉쇄령을 내리게 된다.

그러나 러시아가 이 정책을 무시하고 영국과 교역을 하자 나폴레옹은 60만 명이 넘는 원정군을 이끌고 러시아를 침공한다. 여름에 전쟁을 시작해 섭씨 40도를 넘는 더위를 견디며 전진하던 나폴레옹의 군대는 9월에 모스크바에 입성했다. 하지만 보급로가 끊겨 결국 모스크바에서 프랑스로 철수를 결정했다.

그 과정에서 나폴레옹의 군대가 10월 이후 추워지는 러시아의 겨울을 대비하지 못해 문제가 발생했다. 철수 과정에서 섭씨 영하 20도 정도 되는 한파로 인해 프랑스군 40만 명이 희생되었다. 러시아는 프랑스군에 비해 병력이 약했지만 익숙한 한파를 견디며 전쟁을 승리로 이끌게 되었다.

이 당시 영국의 신문기자가 러시아의 한파가 전쟁 승리에 기여했다는 점을 고려하여 'General Frost'라는 표현을 썼다. 향후 이 표현은 일본인에 의하여 '동장군'으로 번역되었다고 한다. 한파라는 자연환경이 전쟁의 성패를 결정짓게 한 사건은 이 외에도 역사에 무궁무진할 것이다.

참조 : 이윤옥, "동장군은 겨울장군? 국립국어원, 창피합니다",《오마이뉴스》, 2012. 11. 30.

내기 위해 움집처럼 땅의 지열의 이용하는 원리가 반영된 온돌을 만들었고, 더운 여름에 적응하기 위해서 지열을 적게 받는 마루를 고안하였습니다. 이 둘의 결합이 한옥의 기본이 된 것입니다.

인간이 자연환경에 적응하면서 살아가는 모습은 음식에서도 나타납니다. 스위스에서는 치즈를, 지중해 지역에서 올리브유를 많이 사용하는 것도 지역 생산물을 이용한 결과입니다. 더운 지역일수록 음식이 상하는 것을 막기 위해서 향신료를 많이 사용하는 경향이 있고, 지하수의 상황이 나쁜 지역일수록 차 음료가 발달하는 것도 바로 자연환경에 적응하기 위한 노력으로 볼 수 있습니다.

한 나라 안에서도 이런 경향이 나타납니다. 우리나라 사람들은 다들 김치를 먹지만 더운 남쪽의 김치는 짜고, 추운 북쪽의 김치는 덜 짠 편입니다. 김치에 넣는 젓갈도 그 지역의 해산물을 넣다보니 종류가 다르지요.

그러니까 지구촌의 모든 사람들에게서 나타나는 대다수의 의식주 양상은 주어진 자연환경에 적응하면서 나름의 삶의 방식을 찾아낸 인류의 오래된 지혜라고 볼 수 있습니다. 이는 지구 위에 사는 사람들의 삶이 다를 수밖에 없는 근본적인 이유이기도 합니다.

자연환경은 언어, 가치관, 습관, 그리고 제도를 변화시킨다

자연환경은 의식주뿐만 아니라 사람의 생각, 마음에도 영향을 미칩니다. 언어, 가치관, 습관, 제도 등 인간의 비물질적인 삶에도 영향을 미치는 것이죠.

눈이 많이 오는 지역에는 눈을 표현하는 단어 수가 많지만, 눈이 전혀 오지 않는 지역에는 눈을 표현하는 단어 수가 얼마 없습니다. 평야 지대에 살면서 비옥한 땅에서 농사를 지으려면, 가족만이 아니라 친족이 모여 사는 것이 낫고, 자연이 척박한 환경에서는 단일가족으로 이동하는 것이 생존에 유리합니다. 이렇게 가족이나 친족을 바라보는 가치관이나 명칭도 자연환경의 영향을 받게 됩니다.

지중해 지역을 여행하면 낮에 '시에스타'라는 낮잠 자는 시간에 관공서마저 문을 닫는 경우를 볼 수 있습니다.[14] 너무 더운 시간대에는 일하지 않고 낮잠을 자는 것이 오랫동안 습관이 되었기 때문입니다. 아프리카 어떤 지역에서는 반가움의 표시로 침을 뱉는 인사를 하는데, 침을 뱉는 것이 부족한 수분을 나누는 것이라 여겼기 때문입니다. 눈이 많은 지역인 캐나다에서는 눈이 오면 24시간 안에 자기 집 앞 눈을 치워야 하는 법률이 있습니다. 눈으로 인한 사고가 나지 않도록 제도화한 것이죠. 이 역시 자연환경의 영향입니다.

이처럼 인간은 의식주에서만이 아니라 전통과 제도를 만들어가는 데도 자연환경의 영향을 받습니다. 혹시 낯선 곳에 갔다가 내가 전혀 모르는 낯선 전통이나 제도를 경험하게 된다면 이상하게 생각하지 말고, 그것이 그 지역의 어떤 자연환경과 관련이 있을지 잠시 생각해보는 것이 좋겠지요.

자연환경을 극복하여 새롭게 살아가는 인간

어렸을 때 들었던 효자 이야기 중에 이런 이야기가 있습니다. 추운 겨울날 어느 효자가 생명이 경각에 달한 부모님이 드시고 싶다는 산딸기를 구하러 길을 나섭니다. 그 효심에 감복한 산신령이 산딸기를 내려주어서 부모님에게 무사히 갖다드리는 이야기지요. 오늘날에도 산신령이 있습니

잠깐! 더 배워봅시다

자연환경에 따라 다르게 발달하는 스포츠

자연환경은 스포츠나 여가에도 영향을 준다. 바다를 끼고 있는 나라는 수영이나 요트, 조정 등 물과 관련한 스포츠를, 낮은 구릉이 많은 곳은 골프나 축구 같은 스포츠를, 산이 발달한 곳에서는 스키, 등산 등 산악 스포츠를 즐긴다. 요즘은 세계대회에 대부분의 나라가 대표선수를 보내기에 자국의 자연환경과 관련 없이 다양한 스포츠를 즐긴다.

그러나 같은 종목이라 하더라도 그 스포츠를 즐기는 인구가 많은 나라의 대표선수와 자연환경 때문에 해당 스포츠를 즐기는 사람이 별로 없는 나라의 대표선수가 펼치는 경기의 질은 다를 가능성이 크다. 스포츠 경기에도 자연환경의 영향력이 존재하는 셈이다.

다. 바로 비닐하우스입니다. 비닐하우스는 인간이 자연환경의 영향력을 받지 않고 식물 재배를 하기 위해 적절한 환경을 인공적으로 만들어낸 공간입니다. 덕분에 우리는 시장에서 제철이 아닌 식재료도 쉽게 구할 수 있습니다.

인간은 자연에 순응만 하는 것이 아니라 자연환경을 극복하면서 새로운 삶을 만들기도 합니다. 관개시설을 갖춰서 물을 끌어들이거나, 개펄을 간척하여 농지로 만들기도 하고, 섬과 섬, 그리고 육지를 잇는 연륙교를 놓아서 섬을 육지처럼 활용하는 등 살아가는 데 적정한 환경으로 계속 바꿔나가고 있습니다.

그 예로 미국 캘리포니아의 쌀 생산 사례를 살펴볼까요? 쌀 생산에는 일정한 일사량과 적절한 물, 많은 노동력이 필요하여 주로 아시아의 몬순 지

항공 기술을 이용한 농업 방식. 기계농업의 발달은 환경의 제약을 뛰어넘게 해주었다.

역에서 생산됩니다. 캘리포니아는 지중해성 기후로 벼가 성장하는 여름에 비가 오지 않아 쌀을 생산하기 어려웠습니다. 그런데도 지금 캘리포니아 지역은 세계적으로 유명한 쌀 생산지역이 되었습니다. 비가 오지 않는 기후를 극복하기 위해서 관개시설로 수로를 만들어 물을 끌어들이고, 헬리콥터 등을 이용한 기계농업이 노동력을 대체하여 쌀 대량생산이 가능해진 것입니다.

이렇듯 기술을 이용해 자연환경을 극복해나가는 사례도 있지만, 인간이 이주하기 전 삶의 방식이나 습관, 풍습을 포기하지 못해서 자연환경을 바꾼 경우도 있습니다. 유럽인이 이주해서 만든 나라, 뉴질랜드에서 그런 사례를 볼 수 있습니다. 뉴질랜드를 여행하면 유럽과 자연환경이 비슷하다고 느낄 것입니다. 이는 이주민들이 뉴질랜드를 원래 살던 영국처럼 만들기 위해 포도나무 같은 고향의 식물을 가져다 심고, 낮은 구릉지의 나무를 베어 목축지로 개간하고 양을 들여와서 목축업을 하면서 생긴 결과입니다.

일제 강점기에 만주로, 혹은 중앙아시아로 이주한 우리 선조들도 한반도에서 짓던 논농사를 잊지 못하고, 논농사가 어려운 그 지역에서 관개시설을 만드는 등 각고의 노력을 하여 벼농사가 가능하게 만들었습니다.

고향에 대한 그리움 같은 간절한 마음, 그리고 과학기술의 발달은 인간이 자연환경의 제한을 극복하고 변화시키는 원천으로 작동하기도 합니다.

자연을 넘어서려는 인간의 기술은 재앙일까, 축복일까

오스트레일리아에서는 토끼 개체가 급증하여 사회적으로 문제가 된 적이 있습니다. 뉴질랜드에서도 비슷한 일이 있었고요. 모두 영국 이주민이 들여온 토끼가 발단이었습니다. 고국에서 사냥하던 습관을 그리워한 이들이 토끼를 오스트레일리아와 뉴질랜드에 들여온 것입니다. 그런데 그곳에는 토끼를 잡아먹을 상위 포식자가 존재하지 않는 등 영국과 달리 토끼가 번식하기에 너무나 좋은 환경이었습니다.

결국 토끼 개체 수가 급격하게 증가해 사냥으로 통제하기 어려울 정도가 되었습니다. 토끼는 영국에서와 달리 오스트레일리아와 뉴질랜드에서는 작물을 망치는 유해 동물이 되어버렸습니다. 독약을 친 당근까지 이용해 토끼 수를 줄여보려 했지만, 여전히 두 나라에서 토끼는 인간이 만든 재앙이자 사회적 문제입니다.

한편 요즘엔 작물이 자연환경의 영향을 받지 않고 잘 성장하도록 하기 위해 유전자를 조작한 유전자조작식품(GMO, Genetically Modified Organism)을 개발하고 있습니다. 그런데 자연환경을 극복하기 위해 만든 강력한 농작물이 급격하게 번식하면서 그 지역의 토종 종자가 사라지기도 합니다. 이처럼 인간의 편리를 위해 자연에 가한 변화는 자연환경에 문제를 일으킵니다.

『지리의 힘』이라는 제목으로 우리나라에서도 출간된 『*Prisoners of Geography*』라는 책을 보면 세계 각국의 정치적·경제적 현상이 위도와 경도 같은 지구상의 위치, 대륙과 반도, 섬과 같은 지형, 천연자원 등 다양한 자연환경에 영향을 받는다고 설명합니다. 그런데도 오늘날 많은 사람들은 자연환경을 따르기보다는 과학기술로 환경을 극복하려고 합니다.

인류는 자연환경에 적응하면서 수동적으로 살아가야 할까요, 아니면 자연을 극복하면서 새로운 환경을 만들어나가야 할까요? 과학기술은 자연환경을 극복하고 인간의 삶을 긍정적으로 만들어주는, 진정으로 유용한 도구가 될 수 있을까요?

조사 활동 **자연환경이 만든 주거 경관 소개하기**

1. 집을 만드는 재료, 집의 창문이나 지붕 모양 등 주거 생활과 관련된 주제를 하나 정한다.
2. 기후대의 특징을 정리하고, 그에 적응하기 위한 주거 생활 모습을 사진 자료와 함께 정리한다.
3. '자연환경이 만들어내는 주거 경관'이라는 자료집을 제작한다.

조사 활동 **자연환경을 극복한 인간의 과학기술 소개하기**

1. 세계적으로 유명한 다리 건축 기술, 해수의 담수화 기술, 관개시설 관련 기술 등 하나의 과학기술을 선택한다.
2. 선택한 기술을 사용하여 자연환경을 극복한 사례를 찾는다.
3. 과학기술이 자연환경을 변화시킨 모습에 대하여 안내하는 자료집을 제작한다.

2 자연과 인간, 올바른 관계 맺기

(!) 인간 중심주의, 생태 중심주의, 인간과 자연의 공존

영산강 하굿둑은 1981년에 만들어진 우리나라 최초의 하굿둑입니다. 전남 담양에서 시작해 황해로 흘러가는 영산강 하구에 설치한 방조제이지요. 방조제 덕분에 거대한 호수가 생겨서 주변 지역에 물을 보급할 수 있게 되었고, 인공호수 주변을 꾸며서 관광지도 형성되었습니다. 짠 바닷물의 유입을 막아 주변에 농경지를 개간해서 쌀 생산량도 늘어났고요.

그러나 25년 정도 지난 2005년 신문기사를 살펴보면 영산강 수질이 5급수로 전락했다는 뉴스를 볼 수 있습니다. 가장 큰 원인은 영산강 하굿둑으로 인해 강물의 흐름이 원활하지 못하여 강에 퇴적물이 쌓였기 때문입니다. 영산강 수질이 나빠지면 주민의 건강에도 영향을 미치고, 이 물로 농사지은 쌀의 상품성에도 문제를 일으킬 수 있습니다.[15]

영산강 하굿둑. 이 하굿둑을 기준으로 그 위는 강(영산호), 아래는 바다(남해)가 된다.

하굿둑 때문에 생기는 이런 문제점이 지적되는 데도 불구하고, 2009년 4대강 개발 사업을 하면서 수많은 강 중간중간에 방조제 역할을 하는 둑을 만들었습니다. 방조제를 조절하여 부족한 물 문제를 해결할 수 있다는 의견도 있지만, 심각한 녹조 현상으로 강의 생태계 파괴가 일어날 것이라며 원래대로 복구해야 한다는 주장도 있습니다.

우리나라의 4대강 개발 사업에 대한 논쟁은 아직 진행 중입니다. 그리고 앞으로 이와 비슷한 정책이나 사업이 진행될 때도 그러할 것입니다. 자연을 도구 삼아서 인간의 필요에 따라 개발해도 될까요? 아니면 자연은 그 자체로 존중받아야 하므로 그대로 유지해야 할까요?

인간 중심주의 : 자연은 인간의 필요를 위한 도구다

혹시 동굴관광을 해본 적이 있나요? 우리나라 동굴은 거의 산속에 있어서 접근하기가 쉽지 않아 모노레일을 타고 들어갈 수 있게 개발했습니다. 동굴만이 아니죠. 요즘엔 지상과 높은 산의 정상을 케이블카로 연결해서 등산하지 않고도 정상에 오르기가 쉬워졌습니다.

이런 시설물은 인간에게 편리를 제공하지만 자연에는 생존을 위협하는 장치입니다. 인간이 접근하기 어렵다는 이유로 모노레일이나 케이블카를 설치하는 것은 자연을 위한 것이 아니라 인간을 위한 것입니다. 그런데 왜 이런 선택을 할까요? 거기엔 인간의 이익이나 필요를 위해서라면 자연을 수단으로 사용할 수 있다는 생각이 담겨 있습니다. 바로 이 생각이 '인간 중심주의'입니다.

인간 중심주의는 근대 이후 서유럽에서 인간 이성을 강조하던 풍조와 관련이 깊습니다. 이 관점에서 인간은 자연과는 구별되는 우월한 존재입니다. 인간은 이성을 가진 궁극적인 존재이지만 자연은 그렇지 않기 때문입니다. 이에 따라 인간과 자연을 이분법적으로 구분합니다. 대표적으로 데카르트나 베이컨은 자연은 과학적으로 분석 가능한 대상일 뿐이며, 동물도 인간과 달리 단순히 자극에 반응하는 존재로 보았습니다. 그러다 보니 이성을 가진 인간이 자연을 극복하고 개조하여 인간의 이성에 굴복시키는 것을 당연하게 생각합니다.

인간 중심주의에 따르면 인간 이성의 산물인 과학기술을 활용하여 자연을 개발하는 것은 매우 합리적 선택입니다. 과학기술이 인간을 행복하게 할 것이고, 자연을 개발하고 경제를 발전시키는 것 또한 그러할 것으로 여겼습니다. 이런 생각을 바탕으로 농약이나 살충제를 쳐서 농산물 생산을 늘리고, 바다를 메워서 항만시설을 만들고, 산을 깎아서 도로를 만들었습니다.

그런데 이로 인해 나타난 결과는 생각과 달랐습니다. 환경오염, 자원 고갈, 생태계 파괴, 그로 인한 다양한 위기들……. 그러자 자연을 도구로 보는 생각에 대응하는, 인간도 자연의 일부라는 새로운 생각이 나왔습니다. 근대 이후 환경 문제나 생태계 문제에 대한 원인으로 인간 중심주의가 심각한 비판을 받고 있습니다.

생태 중심주의 : 인간 또한 생태계의 일부일 뿐이다

2017년 살충제 계란 문제로 온 사회가 시끄러웠습니다. 처음엔 다른 나라 계란에서 살충제가 검출되었기에 우리나라에서도 조사를 했을 뿐인데, 우리나라의 유기농 계란에서마저 살충제가 발견되어 사람들이 경악했지요.

심층조사를 해보니 일부 지역은 실제로 농약을 사용해서 문제가 된 반면에, 어떤 지역은 닭을 유기농 환경에서 키우고 있었고 거기에는 문제가 없었습니다. 문제는 닭을 키우기 전에 농사를 지을 때 땅에 뿌린 농약이었지요. 농약을 뿌린 건 30년도 더 전의 일이었는데 지금까지도 농약이 남아 있어서, 같은 땅에서 자란 닭이 오염되고 계란에도 영향을 미친 것이었습니다. 이 사건만 봐도 인간과 자연을 분리해서 생각하기란 매우 어렵습니다.

"꿀벌이 사라지면 4년 안에 인류도 사라진다." 아인슈타인의 말입니다.[16] 이 이야기는 논리적으로 명료합니다. 꿀벌이 사라지면 화분 매개로 번식하는 지구상의 수많은 식물이 번식하기 어려워지고, 식물이 사라지면 먹이사슬이 끊어져 인류도 생존하기 어렵다는 이야기입니다. 레이첼 카슨이 쓴『침묵의 봄』이라는 책에는 무분별한 살충제 사용이 자연 속 생물들을 얼마나 처참하게 파괴하는지, 그러한 파괴가 인간에게 어떤 영향을 미치는지를 '자연이 침묵하는 봄'이라는 상징으로 알려줍니다.

인간이 자연을 통제할 수 있다는 생각에 맞서서, 인간은 자연에서 독립된 존재가 아니라 자연의 일부라고 보는 관점이 '생태 중심주의'입니다. 생태 중심주의는 생태계 전체가 유기적으로 연결되어 있다고 봅니다. 이 관점에서 자연은 인간을 위한 수단이 아니라, 모두가 상호의존하면서 서로 공유하는 생명 공동체입니다. 또한 생명 공동체를 이루는 개별적인 존재들도 모두 내재적 가치를 가진 존재입니다.

생태 중심주의에서는 자연이 인간을 위해 존재하지 않습니다. 그리고 개발은 자연의 한 구성원이 생태계를 훼손하는 과정으로 봅니다. 인간이라고 해서 자연의 균형을 파괴할 힘을 가진 것이 아니며, 인간도 자연의 일부로서 자연을 그대로 유지할 의무를 갖는다고 생각하지요.

이에 따르면 근대 이후 인간이 과학기술을 이용하여 자연을 개발하고, 지배 혹은 정복한 일은 아주 위험한 선택이었습니다. 생태 중심주의는 자연개발을 반대하는 사회운동적 성격을 띠고 있어서, 환경 문제를 해결하는 중요한 대안이 되기도 합니다.

하지만 이런 관점에서는 인간이 집을 짓고 음식을 만드는 등의 모든 문화적 행위가 생태계를 위협하기 때문에, 인간의 문화적 삶을 부정하게 되므로 비현실적인 주장이라는 비판을 받습니다. 또한 사회운동 성격이 강하다 보니 생태계를 보호한다는 명목으로 개인의 삶을 강제적으로 제한하기도 해서, 환경파시즘이라는 비판을 받기도 합니다.

자연과 인간, 어떤 관계를 맺어야 하나?

『기적의 사과』라는 책이 있습니다. 일본에서 유기농법으로 사과 농사를 짓는 농부의 이야기를 담은 책이지요. 이 책에 이런 내용이 있습니다.

> 농약을 안 쓰면 사과 수확은 꿈도 꿀 수 없다. (……) 무농약 재배를 2년간 하면 사과 수확은 확실하게 제로가 된다는 뜻이다. 현대의 사과와 빌헬름 텔이나 뉴턴의 사과 사이에는 엄청난 차이가 있다. 무농약 사과를 재배할 수 없는 가장 큰 이유도 거기 있다. 바로 품종 개량 때문이다.[17]

품종 개량을 한 사과는 과학의 산물인 농약으로 보호받으면서 훨씬 많이 생산됩니다. 그런데 이 책의 주인공은 과학의 산물을 포기하고 '자연농법'으로 불리는 방법으로 사과를 키우기로 합니다. 일단 화학비료와 농약을 포기했습니다. 나머지는 오로지 자연이 해결해줄 거라고 믿고 사과밭의 흙을 되살릴 생각만 합니다. 흙이 살면 사과의 뿌리가 살고, 그러면 사과가 열매를 맺을 거라고 생각한 것입니다.

자연농법을 사용한 지 9년 만에 사과 꽃이 피면서, 주인공은 다른 사과 농장과는 달리 과학기술의 도움 없이 자연이 키워낸 기적의 사과를 생산하게 됩니다.

화학비료와 농약을 포기하고 얻은 이 사과가 기적의 사과가 된 것은 9년 만에 열매를 얻어서만이 아니었습니다. 이 사과를 잘라서 냉장고 위에 두었는데, 2년이 지나도록 썩지 않고 향을 뿜었다고 합니다. 기적의 사과는 인근 레스토랑에서 사과 수프의 재료로 사용하는데, 다른 사과로 만든 것보다 훨씬 맛있어서 인기가 대단하다고 합니다.

이 사례를 보면 인간과 자연의 공존 방법을 찾을 수 있을 것 같습니다. 농장 생태계를 복원하면서 먹거리도 만들어낼 수 있음을 보여주었기 때문입니다. 인간이 생태계를 위해 모든 것을 포기하지 않으면서 삶도 풍요로워지는, 상생이 가능하다는 것을 보여주는 좋은 사례입니다.

인간은 자연을 개발하여 문화적 생활을 누리고 있습니다. 하지만 인간 또한 자연의 일부분이어서, 자연을 훼손할 정도로 과도한 개발을 하면 결국 인간의 삶마저 위협받게 됩니다. 그래서 최근에는 인간과 자연의 공존이라는 측면을 중요하게 고려합니다.

인간의 욕심 때문에 자연을 훼손하는 일을 멈추고 불편을 감수하면서 자연을 지키는 것, 자연이 유지되어야 인간의 삶도 유지할 수 있다는 생각, 다양한 생물과 자연 그 자체를 존중하려는 마음, 인간 이외의 생명체 또한 소중하게 여기는 태도. 바로 이러한 것들이 자연과 인간을 공존할 수 있게 할 것입니다. 그래야만 우리 삶도 가능할 것입니다.

논술 활동 케이블카 설치에 대한 나의 의견 제시하기

1. 케이블카를 설치하려는 지역에 관한 신문기사를 찾는다.

2. 기사를 읽고 케이블카를 설치하려는 이유와 이에 반대하는 사람들의 의견을 각각 정리한다. 케이블카를 반대하는 사람들의 주장에 담긴 생태 중심주의, 케이블카를 찬성하는 사람들의 주장에 담긴 인간 중심주의를 파악해본다.

3. 인간과 자연의 공존을 생각하면서 케이블카를 설치하려는 사람을 설득하는 글이나 반대하는 사람을 설득하는 글을 작성한다.

서평 활동 『기적의 사과』처럼 자연과 인간의 공존을 강조하는 책을 찾아 서평 쓰기

1. 자연과 인간의 공존을 강조하는 책을 한 권 선택한다.

2. 주인공이 자연과 인간의 공존을 중시하게 된 배경, 이를 위한 노력 등을 정리해본다.

3. 주인공의 행위를 평가해보고 자연과 인간의 공존이 필요한 이유 등을 중심으로 서평을 쓴다.

3 환경 문제를 해결하기 위한 여러 가지 노력들

⚠ 환경 쓰레기, 환경 정책과 제도, 친환경 제품, 환경 문제와 시민사회, 친환경 도시

대다수 도시인들은 주말을 맞아 일주일치 생필품을 사러 마트에 갑니다. 그곳에서는 인간을 위해 개발한 다양한 상품들이 진열되어 있는 모습을 만날 수 있습니다. 그 상품 중에는 세상에 없더라도 내 삶에 전혀 영향을 주지 않는 것들도 많습니다.

사 온 물건을 꺼내 어떤 것은 냉장고에, 어떤 것은 식품 창고에, 어떤 것은 옷장에 넣어 보관합니다. 이렇게 정리하고 나면 포장지가 남습니다. 구입한 생필품은 수명이 짧게는 일주일, 길게는 몇 년 정도일 것입니다. 그런데 그 물건을 따라온 포장지는 100년 이상이 지나야 썩어 없어지는 경우가 많습니다. 왜 이렇게 많은 포장지가 필요할까요. 의도하지 않았지만 내가 이렇게 만들어낸 환경 쓰레기는 얼마나 될까 생각해봅니다.

4월 22일은 '지구의 날'입니다. 지구의 날을 맞아 저녁 8시부터 10분 동

안 소등하는 행사에 참여해보았습니다. 텔레비전과 휴대폰도 끄고 나니할 일이 없습니다. 창밖을 내다봅니다. 많은 사람들이 참여해서인지 대도시의 어둠을 오랜만에 접합니다. 참 좋네요. 밤하늘이라 해도 별을 보기는 어렵지만, 오랜만에 인공 불빛에서 해방된 느낌입니다.

그런데 이 10분이 지구를 살리는 데 도움이 될까요?

환경의 역습이 시작되다

2017년 여름, 대구와 광주에 있는 어느 가정집에 바나나 열매가 열렸다는 기사가 났습니다. 온대 기후대인 우리나라에서 아열대 작물이 열렸다는 소식에 '한반도도 아열대 기후로 변한 게 아니냐'는 논란이 일었습니다. 그 바나나인 줄 알았던 것이 실은 파초라는 식물이었다는 후속기사가 나오긴 했습니다만 확실히 이대로라면 조만간 우리나라의 남쪽 해안에서 바나나가 열리는 것을 볼 수 있을지도 모릅니다. 인간이 배출한 이산화탄소 등 오염물질 때문에 기후변화가 일어나고 있기 때문입니다.

인간이 내놓는 오염물질이 기후변화만 일으키는 것은 아닙니다. 우리가 일상적으로 사용하는 수많은 화학제품이 환경 쓰레기를 만들어내고 있습니다. 『플라스틱 바다』[18]라는 책은 현대인이 만든 수많은 화학제품, 특히 플라스틱 제품이 얼마나 많은 바다 생물을 죽음으로 내몰고 있는지 경고합니다.

편하게 사용하고 버리는 비닐봉지는 바다로 흘러가서 바다거북 같은 생물들이 해파리인줄 알고 먹고는 죽어버리기도 합니다. 이런 모습을 사진으로 접하고 나면, 환경 쓰레기가 인간만이 아니라 자연 전체에 위해가 된다는 것을 알 수 있습니다.

태평양에 쓰레기 섬이 있다는 것을 아시나요? 쓰레기 섬은 바다로 흘러 들어온 쓰레기들이 해류의 영향을 받아 한데 모여 만들어진 섬입니다. 크기가 얼마나 될 것 같나요? 한반도의 몇 배나 됩니다. 그렇게 큰 섬이 순전히 비닐과 플라스틱 등 인간이 만들어 쓰고 버린 화학제품으로 이루어졌습니다.

석유에서 추출하여 만든 화학제품은 비닐봉지를 비롯해 포장지로, 음료수병으로, 옷으로, 수없이 만들어지고 버려집니다. 그러다 바닷속, 강물 속, 또는 토양 속 생물을 죽음으로 몰지요.

대기오염도 심각한 문제입니다. 공장, 자동차 등에서 나오는 매연만이 문제가 아닙니다. 고기와 우유를 대량으로 얻기 위해 키우는 소를 비롯한 가축들도 대기오염의 원인입니다. 대량으로 사육할 공간을 마련하느라 나무를 없애고 초지를 만드는데, 나무가 줄어드니 산소 발생이 줄어드는 반면 수없이 많은 동물들이 뿜어내는 방귀에서 발생한 메탄가스는 대기오염의 주범이 됩니다.

환경호르몬이라는 말을 들어본 적 있나요? 환경호르몬은 산업활동에서 생성되는 화학물질로, 인간의 신체에 들어오면 호르몬 기능을 교란합니다. 보통 우리가 사용하는 화학제품에서 발생하는데, 화학 폐기물에 섞여서 강과 토양을 오염시키고, 다시 인간의 몸으로 들어가서 인간에게 해를 끼치게 됩니다.

이렇듯 편리하고 풍요롭게 살기 위해 인간이 만들어낸 모든 것들이 자

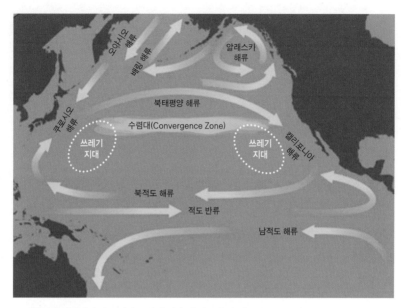

오야시오 해류
베링 해류
알래스카 해류
쿠로시오 해류
북태평양 해류
수렴대(Convergence Zone)
쓰레기 지대
쓰레기 지대
캘리포니아 해류
북적도 해류
적도 반류
남적도 해류

태평양에 형성되어 있는 거대 쓰레기 지대. 한반도의 몇 배 크기에 이른다.

연을 훼손하고 오염시키고 있습니다. 인간이 만든 것이 환경에 피해를 주고, 다시 환경이 인간의 삶을 공격하는 자연의 역습이 시작되고 있는 셈입니다.

환경 문제에 정부는 어떤 노력을?

뉴질랜드 정부는 '방귀세'라는 세금 도입을 고려한 적이 있습니다. 사육하는 소의 방귀 때문에 발생하는 환경오염 문제를 해결하기 위한 연구 기금 마련을 목적으로 했다는데, 실제로 적용되지는 않았습니다.

기후변화와 관련한 다양한 용어들

일반적으로 기후변화는 약 10년 정도에 걸쳐 나타나는 기후의 평균적인 변화를 말한다. 대표적인 현상이 '지구온난화'이다. 지구온난화는 지구 표면의 평균 온도가 상승하는 것을 말하는데, 석탄, 석유, 천연가스 같은 화석 에너지의 사용이 주된 원인으로 꼽힌다.

기후변화는 단순히 지구 표면의 온도가 올라가는 것에서 그치는 것이 아니라 바닷물의 온도도 변화시켜서 기상이변을 만들어내기도 한다. 태평양 바닷물의 온도가 변하는 현상을 일컫는 표현으로 '엘니뇨'와 '라니냐'가 있다.[19]

엘니뇨는 스페인어로 '남자아이' 또는 '아기 예수'라는 표현인데, 이 현상이 보통 크리스마스 전에 나타나기 때문에 붙여진 이름이다. 엘니뇨는 원래 남아메리카 열대 지방의 서해안을 따라 남쪽으로 흐르는 바닷물이 2~7년 정도를 주기로 따뜻해지는 현상을 말했다. 최근에는 태평양의 해수면이 5개월 이상 평균 온도보다 섭씨 0.5도 이상 높은 상태가 유지되면 엘니뇨라고 한다. 엘니뇨는 태평양 연안 지역 중에서 동남아시아에는 가뭄을, 남아메리카에는 홍수를 일으키는 요인이 된다.

라니냐는 엘니뇨와 반대되는 표현이다. 스페인어로 '여자아이'를 뜻한다. 태평양의 해수면이 5개월 이상 평균 온도보다 섭씨 0.5도 이상 낮은 상태가 유지되면 라니냐라고 한다. 라니냐는 태평양 연안 지역 중에서 동남아시아에는 홍수를, 남아메리카에는 가뭄을 일으키는 요인이 된다.

최근 우리나라는 전기차를 구매하는 사람들에게 정부에서 보조금을 지원하고 있습니다. 전기차를 타면 대기오염 물질이 배출되지 않으니, 이를 더 많이 이용하라고 보조금을 주는 것입니다. 이처럼 정부는 환경 문제를 해결하기 위해 세금을 부과하기도 하고, 보조금을 줌으로써 친환경 정책을 지원하기도 합니다.

또한 정부는 다양한 정책이나 법률을 만들어 환경 문제를 해결하려고 노력합니다. 가구나 전기제품을 새로 사서 헌 것을 버려야 할 때를 예로 들어봅시다. 가전 폐기물은 그냥 버려서는 안 되지요. 구청에 신고한 뒤 일정 비용을 지불하고 정해진 장소에 버려야 합니다. 생활 쓰레기도 돈을 주고 산 종량제봉투에 넣어서 버려야 하고요. 이렇게 쓰레기를 함부로 버리지 않는 것은 '폐기물관리법'에 의거한 행동입니다.

미세먼지나 황사 등이 문제가 되자 정부는 대기환경 개선을 위한 종합 정책을 내놓았습니다. 이에 따라 기업이 공장을 가동하면서 기준치 이상 오염물질을 배출하지 못하게 규제하기도 합니다. 산불이 많이 나는 시기엔 화재예방을 위한 홍보활동을 하고, 산림보호원을 두어 산불 예방에 노력합니다.

이처럼 정부는 환경 문제 해결을 위한 가이드라인을 제시하면서 관련 정책을 세부적으로 실시하고, 기업이나 개인의 활동을 감시하면서 환경 문제를 해결하기 위해 적극적인 노력을 기울입니다. 그러니 정부가 어떤 관점을 가지고 어떤 노력을 하는지가 환경 문제 해결에 가장 결정적인 요소가 될 것입니다.

환경 문제에 대한 기업의 노력

몇 년 전에 있었던 일입니다. 독일의 한 자동차 회사가 자사의 자동차가 배출하는 환경오염 물질이 정부가 정한 기준치 이상인데도, 이 수치를

잠깐! 더 배워봅시다

우리나라의 환경보호 제도와 정책들

1. **환경영향평가 제도** : 2008년에 제정된 '환경영향평가법'에 따라 도시개발 사업이나 산업단지 조성, 에너지 개발 산업 등을 시행할 때 환경에 미치는 영향을 미리 예측하여 법률에 따라 평가하는 제도이다.

2. **환경개선부담금 제도** : 1991년에 제정된 '환경개선비용 부담법'에 따라 유통이나 소비 과정에서 환경오염 물질을 다량 배출하여 환경오염을 직접적으로 일으킬 가능성이 있는 건물이나, 경유를 연료로 사용하는 자동차 등의 소유자에게 '오염원인자 부담 원칙'을 적용하여 환경개선부담금을 내게 한다.

3. **미세먼지 정책** : 대기오염과 관련하여 미세먼지를 줄이고자 하는 정부의 정책으로 다음이 핵심 내용이다. 첫째, 대기 중 미세먼지 환경기준을 ㎥당 50㎍에서 35㎍으로 강화한다. 둘째, 석탄 발전소를 LNG(액화천연가스) 발전소로 전환한다. 셋째, 미세먼지의 원인으로 보이는 중국과 협력하기 위해 노력한다. 넷째, 초·중·고등학교에 실내 체육시설을 설치하는 등 환경개선에 노력한다.

참조 : 이도경, "정부, 미세먼지 종합대책 발표…노후 火電 7곳 2022년까지 폐쇄", 《국민일보》, 2017. 9. 26.

조작하여 우리나라 정부 승인을 받아 판매했습니다. 해당 자동차는 판매 금지 처분을 받았고, 벌금도 물어야 했습니다.

사실 우리 인식 속에서 기업은 환경 문제를 일으키는 존재입니다. '과자 반 질소 반'이라는 과대 포장 문제는 약과입니다. 기업은 생산물을 만들기 위해 공장을 가동하는 순간부터 유통, 판매하는 모든 과정에서 수많은 오염물질을 배출할 가능성이 있습니다.

하지만 최근 들어서 기업이 환경오염을 일으키면 불매운동 대상이 되는 등 경영에 문제가 생기자, 기업들도 친환경 경영을 강조하고 있습니다. 생산과 유통부터 폐기까지 모든 과정에서 환경 친화적인 노력을 하겠다고 말이지요. 이에 따라 친환경 제품을 생산하기도 합니다. 가전제품은 고효율 에너지 제품으로 만들고, 오염물질을 덜 배출하는 제품을 연구하기도 합니다. 정부 등 다른 집단에 비해 적극적이진 않지만 기업도 환경 문제 해결을 위한 노력을 하고 있는 것입니다. 최근에는 폐기물이나 재활용품을 이용하여 제품을 만드는 기업, 특히 사회적기업◆들도 등장하고 있습니다.

시민, 그리고 시민사회의 역할은?

1991년 구미에 있던 한 전자회사에서 사용하던 페놀 저장탱크가 파열되면서 낙동강으로 페놀이 흘러들어간 사건이 일어났습니다. 대구 주민에게 식수를 공급하는 취수장까지 페놀이 흘러들어가 악취가 났습니다. 시민들이 신고를 하자 취수장을 염소 소독했는데, 염소와 페놀이 결합하여 독성이 더 강해져서 큰 문제가 됐지요.

그 후 여러 시민단체가 연대하여 협의체를 만들고, 회사와 정부에 피해 배상과 재발 방지 대책을 요구했습니다. 해당 기업이 생산한 물품에 대한 불매운동도 이어졌습니다. 이것은 환경 문제와 관련하여 기업에 직접적인 책임을, 정부에 관리 책임을 물은 대표적인 시민운동입니다.

◆ 사회적기업 영리 추구를 목적으로 하는 일반 기업과 달리 사회적인 서비스나 사회 문제 해결과 같은 사회적 목적을 우선으로 하면서 영리 추구를 행하는 성격의 기업을 말한다.

환경과 관련된 시민운동은 페놀 사건처럼 기업의 잘못에 대해서만 실행하는 건 아닙니다. 동강댐 개발 사업 등 정부 정책 중에 환경 문제를 일으킬 수 있는 것에 대해서 반대 여론을 형성하여 폐지시키기도 합니다.

환경 문제는 대다수 사람들의 생존이 걸린 문제입니다. 그래서 시민들 스스로 감시하고 압력을 행사해야 하므로, 환경보호를 위해 시민의 권리를 주장하는 이들은 바로 우리 개인이어야 합니다. 개인들은 환경에 대한 감시와 압력이 시민운동으로 작동할 수 있도록 힘을 모아 시민운동 단체를 만들어 적극적인 노력을 기울일 수 있습니다.

집단의 노력 못지않게 개인의 생활 속 실천도 중요합니다. 일상에서 우리가 할 수 있는 일은 수없이 많습니다. '사용하지 않는 전자제품 코드 빼기, 일회용품 사용하지 않기, 절전제품 사용하기, 대중교통 이용하기'처럼 자원을 절약하는 방법이 있는가 하면, '교복 물려주기, 분리수거' 등을 통해 재사용이나 재활용을 하는 방법도 있습니다.

이처럼 환경 문제를 해결하려면 정부와 기업, 시민단체의 노력이 있어야 하지만, 개개인의 실천도 매우 중요합니다.

지역 환경 문제 해결을 위한 모범 사례
: 친환경 생태도시 만들기

쿠리치바라는 도시 이름을 들어본 적이 있나요? 브라질에 있는 도시인데, 1960년대까지는 아주 가난한 지역이었다가 공장이 들어서고 인구가 몰려들면서 대도시로 성장했습니다. 그렇게 인구가 증가하고 자동차가 많

도시 곳곳에 나무를 심어 녹지를 만드는 브라질 쿠리치바의 모습

아지자 대기오염이 큰 문제가 되었지요. 그러자 시에서 이산화탄소 배출을 줄이는 친환경적인 대중교통 정책을 도입합니다. 그뿐만 아니라 산업화 때문에 줄어든 녹지를 확보하기 위해 도시 곳곳에 나무를 심고 공원을 넓혔지요. 이렇게 공장이나 거주지로 빼앗겼던 녹지를 재생해나갔습니다. 또한 쓰레기를 줄이기 위해 주민들이 재활용할 수 있는 쓰레기를 가져오면 다른 재활용품으로 교환해주는 사업도 실시했습니다.

이런 노력 덕분에 쿠리치바는 현재 세계적인 생태도시가 되어 여러 나라의 모범이 되고 있습니다. 인구가 거의 200만 명에 가까울 정도로 큰 도시이면서 개발도상국에 속하는데도 생태도시로 거듭나다니, 세계가 놀라워하면서도 부러워할 만한 일이지요. 이 일이 가능했던 것은 정부의 철저한 계획도 계획이지만, 그에 잘 협력하며 따라준 시민들 덕분입니다.

환경 문제, 거버넌스로 해결하다

최근 많은 나라에서는 환경 문제를 해결하고 생태도시를 계획할 때 정부가 일방적으로 계획하기보다는 다양한 관련 기관들과 연계하여 같이 해결하는 방식을 선호한다. 이런 방식을 '거버넌스(governance, 협치)'라고 한다. 거버넌스는 기존 정부 중심의 의사결정에 변화를 주어 정부, 민간기업, 시민단체 등 관련 행위주체들이 협력해 문제를 해결하면서 사회 전체의 발전을 도모하는 것이 핵심이다.

요즘 여러 도시들이 생태도시나 환경도시로 만들면서 오염을 줄이고 자연환경을 되살려내는 데에 큰 관심을 보입니다. 우리나라 역시 산업화를 겪으며 오염된 환경을 되살리기 위해 노력하고 있고요. 울산이 그런 예입니다. 울산은 우리나라 대표적인 공업지역인데 도심 한가운데에 태화강이 흐르지요. 한때 태화강은 생활 폐수 및 공장에서 나온 폐수로 인해 3급수로 변해서 '죽음의 강'으로 불렸습니다. 그러다 '죽음의 강 태화강 살리기' 운동에 시와 정부, 기업, 시민단체가 의견을 모아 협력했지요. 오염원을 줄이는 방안을 모색하고, 실천을 지원하면서 현재 태화강 수질은 1급수로 되돌아갔습니다.

환경 문제가 일상에 미치는 영향을 몸으로 경험하는 현대인들에게 친환경, 생태적 환경은 매우 중요한 삶의 조건으로서, 선택이 아니라 필수가 되었습니다. 이제 환경 문제 해결을 위한 실천도 선택이 아니라 필수가 되어야 할 때입니다.

프로젝트 하기

조사 활동 **친환경 도시 소개하기**

1. 브라질 쿠리치바, 독일 프라이부르크, 스웨덴 예테보리 등 친환경 도시 중 하나를 택한다.

2. 선택한 도시가 친환경 도시로 변화한 과정을 문제 상황, 친환경 정책 도입 과정 등을 중심으로 살펴본다.

3. 조사한 내용을 잘 정리하여 그 도시의 현재와 미래를 평가한다.

조사 활동 **우리 정부의 친환경 정책 소개하기**

1. 우리 정부의 친환경 정책 중 지원 정책과 제한 정책을 하나씩 선택한다.

2. 각 정책이 지향하는 목표와 구체적인 내용을 파악한다.

3. 각 정책이 환경보호에 미친 영향을 평가하고 내용을 정리한다.

제작 활동 **환경 관련 NGO 활동 조사하기**

1. 우리나라를 비롯하여 세계 각국에서 환경운동을 하는 NGO를 선택한다.

2. 선택한 NGO의 주요 활동을 조사한다.

3. 해당 NGO를 소개하는 안내 자료를 만든다.

4 자연재해,
어떻게 대응해야 할까?

ⓘ 자연재해, 지진, 쓰나미, 안전할 권리, 자연재해에 대한 대책

지리산 옆에 위치한 경상남도 함양. 이곳에 '상림'이라는 곳
이 있습니다. 신라 시대에 이 지역을 다스리던 최치원이 홍
수 피해를 막기 위해 만든 인공 숲입니다. 신라 시대 때는 그 지역에 위천
이라는 강이 있었는데, 비가 많이 오면 범람하여 홍수가 나서 피해가 이
만저만이 아니었습니다. 그래서 둑을 만들어 물길을 돌리고 둑에 나무를
심은 것이지요. 당시에는 그것만으로도 홍수를 조절할 수 있었는데, 한
번 큰 비가 와서 둑 중간이 무너졌다고 합니다. 둑이 두 부분으로 나뉘자
위쪽 나무숲을 상림, 아래쪽을 하림이라고 불렀습니다. 아직까지 남아 우
리가 볼 수 있는 숲이 상림이고요.

천년의 아름다움이라고 불리는 넓은 그 숲을 보면 인간이 만들었다고
믿기 어려울 정도입니다. 천 년 넘게 그 모습을 간직한 인공 숲은 천연기

념물로 지정되었지요.

함양의 상림처럼 홍수 조절을 위해 선조들이 만든 장치들은 다른 지역에서도 쉽게 볼 수 있습니다. 대표적으로 담양의 관방제림이 있습니다. 담양을 여행하는 여행객은 대개 죽녹원이나 메타세쿼이어 길을 찾는데 이곳도 장관입니다. 관방제림은 홍수를 조절하려고 마을 앞에 흐르는 담양천에 둑을 쌓아 나무를 심은 곳인데, 중간중간에 의자가 놓여 있습니다. 거기에 앉아 쉬다 보면 상림과 마찬가지로 오래전에 자연재해를 예방하고자 한 조상들의 지혜에 취할 수 있지요.

그럼, 자연재해에 대해서 좀 더 알아볼까요?

상림과 관방제림은 홍수의 피해를 막기 위한 시설이었습니다. 홍수는 농작물의 성장이나 수확에 매우 나쁜 영향을 미치므로, 농경사회에서는 홍수를 잘 관리하는 것이 중요한 과제였을 겁니다. 그래서 관청이 주도하여 숲이나 둑을 만들었겠죠. 홍수 등의 자연재해는 지형과 기후와 같은 자연환경의 영향으로 발생해서 인간에게 피해를 주거나 안전을 위협합니다.

2016년 경주 지역과 2017년 포항 지역에 기존에 경험하지 못했던, 강도가 센 지진이 와서 국민들이 두려움에 떤 적이 있었습니다. 지진은 지형 자체가 지진대인 지역에 생깁니다. 지진 이외에 화산 활동이나 쓰나미 등도 지형의 영향을 받아 발생하는 자연재해입니다.

매년 여름 초입에는 태풍 피해를 접하게 됩니다. 태풍, 강풍, 홍수, 장마 등은 눈이나 비, 바람 등 기후의 영향을 받아 발생하는 자연재해입니다.

최근에는 자연재해를 두고 인재, 즉 인간이 만들어낸 재해라는 이야기를 종종 합니다. 과학기술의 발달로 자연재해에 대한 예측이 어느 정도 가능해졌는데도, 조치를 제대로 하지 않았다는 뜻이지요. 또한 자연재해

2017년 11월 15일에 발생한 지진으로 큰 피해를 입은 포항의 모습

가 점점 강해지는 양상을 띠는데, 이는 기후변화가 원인이고, 근본적으로
는 인간의 자연개발이 미친 결과라는 이야기도 합니다.

이렇듯 요즘 지구촌에서 일어나는 자연재해는 오로지 자연의 순리로
일어나는 것만은 아니기 때문에, 이를 예방하는 문제가 큰 관심거리가 되
고 있습니다.

자연재해, 그 앞에 선 인간의 무력함

과학기술이 발달하지 않았던 과거에도, 인간은 자연의 이상(異常)과 그
로 인한 위협을 알고 있었습니다. 현대에는 과학적 장비로 지진의 징후나

태풍 경로를 예측하지만, 과거에는 동물의 이동이나 구름의 변화 등 자연의 특이한 양상을 보고 자연재해를 예상했습니다. 이것을 자연의 '전조현상'이라고 하죠. 그런데 이런 전조현상을 통해 자연재해를 예측하더라도 인간이 손쓸 틈까지는 없었습니다.

〈폼페이: 최후의 날〉이라는 영화나 관련 다큐멘터리를 본 적이 있나요? 이탈리아의 남부 지역에 위치한 폼페이라는 곳에서 1600년경 도시를 개발하던 중에 고대 도시의 흔적을 발견했습니다. 그리고 곧 이 도시가 화산 폭발 때문에 사라졌음을 알게 되었지요. 기원전 폼페이 옆에 있던 베수비오 화산이 폭발하면서 도시가 폐허가 되고 수많은 사람들이 죽거나 그대로 굳어버린 것입니다.

현재 폼페이에는 자연재해에 고스란히 당한 사람들의 최후의 형상을 발굴하여 전시해두었습니다. 그 모습을 보면 자연재해 앞에서 인간의 삶이 얼마나 허망한가 싶은 생각이 듭니다.

『위험한 행성 지구』[20]라는 책을 보면 자연재해가 폼페이처럼 그 지역 사람들에게만 영향을 미치는 것이 아니라 인류의 역사까지 바꿀 힘을 가지고 있음을 알 수 있습니다. 지진과 해일로 거대한 문명이 파괴되기도 하고, 큰 우박이 오랫동안 내려서 전쟁마저 멈추게 한 사례도 담겨 있습니다. 그러니 자연재해는 단순히 볼 일이 아니지요.

최근에 자연재해는 역사를 바꿀 정도까지는 아니더라도 확실히 인간의 삶을 위협합니다. 자연재해가 닥치면 수많은 사상자가 나오는 것만 봐도 그렇지요. 집, 도로 등 삶의 터전을 무너뜨려 재산상의 피해도 입힙니다. 심한 경우에는 현대 과학기술로도 피해를 복구할 생각조차 못하는 상황에 처하기도 합니다.

경험과 지혜로 자연재해를 예방하다

우리 조상들이 가뭄과 홍수를 예방하기 위해 보(洑)를 만들고 둑을 쌓고 숲을 조성했던 것처럼, 세계 곳곳에서도 자연재해를 예방하려고 노력해왔습니다.

지진이 잦은 일본을 여행하다 보면 간혹 사람 인(人) 자 모양으로 견고하게 서 있는 전봇대를 볼 수 있습니다. 우리나라에서도 태풍이 온다고 하면 큰 창에 테이프를 X 자로 붙여서 창이 깨지는 것을 방지하지요. 바람이 많이 부는 지역에서는 집을 지을 때 덧창을 달거나 아예 유리창을 내지 않기도 합니다. 최근 경주에서 지진이 여러 번 나자, 경주의 박물관은 전시 유물을 피아노 줄로 고정했습니다. 경주와 멀리 떨어진 서울에 있는 박물관에서도 이렇게 유물을 관리하기 시작했고요.

일상에서 실천하는 이런 노력 이외에, 댐을 건설하거나 방파제를 만드는 일, 산에 나무를 심고 경사지에 사방공사를 하는 일, 강에 둑을 쌓는 일 등 대규모 건설을 통해 자연재해를 막으려는 노력도 합니다. 종종 자연재해를 막으려는 공사가 오히려 자연재해의 원인이 되기도 하여 문제가 되는 경우도 있습니다.

인간이 일상적으로 혹은 대규모 개발 사업으로 자연재해를 사전에 예방하려는 이유는 무엇일까요? 오랜 세월 그 지역에 살아오면서 축적한 경험으로 똑같은 재해가 다시 찾아올 가능성이 크다고 판단하기 때문입니다. 조상들도 재해를 겪은 기록을 남겼고, 우리 역시 여러 번 자연재해를 경험했습니다. 그래서 이를 예방하기 위해 다양한 방법으로 노력하는 것입니다.

잠깐! 더 배워봅시다

역사서에 담겨 있는 과거 한반도의 지진

우리나라에서 지진계로 지진을 측정하는 '계기지진'을 시작한 것은 1905년 부터이다. 기상청에서는 1978년부터 계기지진을 관측하여 통계를 내기 시작했다. 계기지진을 측정하기 전에는 지진이 어떻게 일어났는지 글로 기록했는데 이를 '역사지진'이라고 한다.

역사지진 자료를 보면 한반도에는 얼마나 많은 지진이 일어났을까? 「한반도의 역사지진 자료」[21]라는 논문을 보면 과거의 역사를 기록한 서적인 『삼국사기』 『고려사』 『조선왕조실록』 『승정원일기』 등을 바탕으로 서기 2년부터 1904년까지 총 1,897회 지진이 발생하였다고 한다. 이들 역사서가 정확하게 모든 지진 사건을 기록한 것은 아니어서 실제보다 적게 추정된 것으로 볼 수 있다.

그런데 역사서에 따르면 과거 한반도에서는 현재 우리가 경험한 지진보다 더 센 지진을 경험했을 가능성이 있다. 『삼국사기』 「신라본기」에는 "서울(당시 신라의 서울로 경주를 뜻함)에 지진이 나서 민가가 무너지고 죽은 사람도 100여 명이었다"라는 부분이 있는데, 위 논문의 저자는 이 지진이 진도 9 정도였을 거라고 추정한다.

국민의 보호받을 권리, 안전할 권리

일설에 따르면 사람이 국가라는 공동체를 만들어 살기 시작한 이유는 안전을 보장받기 위해서라고 합니다. 여기엔 다른 사람의 위협으로부터 안전함도 있지만, 자연재해로부터 안전도 포함됩니다. 지금처럼 국민의 안전을 지키는 게 국가의 의무임을 강조하지 않았던 과거 여러 사회나 부족에서도 통치자가 나서서 안전을 지키려고 노력한 흔적들을 볼 수 있습니다. 비가 오지 않으면 지배자가 기우제를 지내며 자연재해를 극복하려 한 일만 봐도 그렇지요. 국민의 안전이 국가의 책무라는 것을 무의식적으로 알았던 게 아닐까요.

최근에는 슈퍼컴퓨터 등 인간이 만들어낸 다양한 과학기술로 과거에 비해 더 빠르고 정확하게 자연재해를 예측할 수 있습니다. 이런 기술이 빠르게 발달한 것도, 국민이 자연재해로부터 안전하게 살 수 있도록 노력하는 일을 정부가 중요하게 여기기 때문일 수 있습니다.

국가 공동체에서 살아가는 사람들은 안전을 보장받을 권리를 가지고 있습니다. 여기서 안전을 보장받는다는 것은 정부가 자연재해로 입을 피해를 사전에 예방하기 위해 노력하고, 자연재해가 일어났을 때 최선을 다해 수습해야 하는 것을 모두 포함합니다.

2005년 미국에 '카트리나'라는 허리케인이 왔는데, 그때 둑이 무너지면서 남부의 큰 도시가 상당 부분 물에 잠기고 말았습니다. 예측한 것보다 피해가 훨씬 더 크기도 했지만, 문제는 피해민들을 돌보고 피해를 복구하는 정부의 노력이 제대로 이루어지지 않았다는 점이었습니다. 정부는 미숙한 대처로 여론의 몰매를 맞았습니다.

그 이후 미국 정부는 재난관리법을 수정하여 정부의 대응을 매우 강조하고, 국민의 '안전할 권리'를 확보하려고 노력했습니다. 그 덕분인지 2012년에 허리케인 '샌디'가 발생했을 때 미국 정부의 모습은 과거와 사뭇 달랐습니다.

태풍, 지진 등 자연재해가 잦은 일본은 자연재해를 예보하고 대응하는 정부 시스템과 대응 매뉴얼이 잘 갖추어져 있습니다. 또한 일본에서 발생한 큰 자연재해 뉴스를 보면 정부의 재난 대응 매뉴얼을 지키면서 몇 시간이나 줄을 서서 구호 순서를 기다리는 피난민들을 볼 수 있습니다. 이를 보면 시민의식 또한 매우 중요함을 깨닫게 되지요.

어느 공동체가 자연재해를 이겨내고 안전을 확보하려면 능력 있는 정부가 필수적이면서 동시에 현명한 시민의식도 중요합니다. 그런데 모든 정부가 유능하게 국민들의 안전할 권리를 지켜주지는 않습니다. 어떤 자연재해가 닥쳐도 체계적으로 잘 관리하는 정부가 있는가 하면, 그렇지 않은 경우도 있습니다.

그러나 무능력하거나 무책임한 정부의 국민이라고 해서 그들의 생명과 재산까지 무의미한 건 아니지요. 바로 이 때문에 자연재해에 정부가 제대로 대응하지 못해 더 큰 어려움을 겪는 다른 나라 국민들에게 우리가 도움의 손길을 건네야 하는 것입니다.

두려움과 정복욕 사이에서 균형 찾기

자연을 경외하고 항상 조심하며 살았던 과거의 인류, 과학기술로 자연을 이용하고 개조하여 정복할 수 있다고 생각했던 근대 이후의 인류, 이 두 자세 모두 자연재해를 대하는 바람직한 모습은 아닐 것입니다. 큰 비가 오고 눈이 오고 바람이 불고 지진이 일어나는 모든 일들은, 인간에게는 재해지만 사실 그 자체로는 자연현상일 뿐입니다.

아무리 과학기술이 발달하더라도 인류가 자연재해의 영향을 전혀 받지 않기란 불가능합니다. 그렇다고 과거 조상들처럼 숙명으로만 받아들이며 살 수는 없지요. 우리는 과학기술로 최대한 예측하고 대비할 방법을 찾아야 하며, 그래도 재난이 일어나면 가장 효율적으로 구제할 방안을 실천하기 위해 노력해야 합니다.

그런데 앞에서 살펴본 인간 중심주의와 생태 중심주의에서 알 수 있듯이 자연을 훼손하며 자연재해에 대응해서는 안 됩니다. 자연을 개발한 인간의 행위가 더 강한 자연재해를 불러오는 원인이 되기 때문이지요. 인간이 자연에 개입한 결과로, 자연재해는 결국 인재가 될 가능성이 있습니다.

인간의 편리를 위해 만든 인공물이 도리어 인간에게 위협이 되는 일도 있습니다. 2011년 일본 후쿠시마에서 쓰나미가 발생하여 이로 인해 원자로에 문제가 생겨 인간의 삶을 위협했던 일을 기억하나요?

결국 인간은 자연재해를 최대한 예측하면서 자연의 흐름을 크게 거스르지 않는 수준에서 대응방안을 찾아야 할 것입니다. 더불어 인간에게 위험이 될 가능성이 있는 시설을 건설할 때는 자연재해에 영향을 받을 가능성을 사전에 철저하게 고려해야 합니다.

제작 활동 **역사 속에서 자연재해에 대처하기 위한 노력을 찾아 포트폴리오로 만들기**

1. 상림, 관방제림 등 우리 역사에서 자연재해에 대응하기 위한 방안으로 만든 구조물을 7~10개 정도 찾아본다.
2. 재해가 지형이나 기후 중 어떤 것에 영향을 받았는지, 대응방안은 어떤 것이 있었는지 정리한다.
3. 사진 자료 등을 찾고 앞의 자료를 같이 정리하여 포트폴리오로 꾸민다.

조사 활동 **자연재해 극복을 위한 우리 정부의 노력 파악하기**

1. 우리나라에 잦은 자연재해 중 하나를 택한다.
2. 우리나라의 어떤 지형이나 기후로 인해 그 자연재해가 일어나는지 조사한다.
3. 우리나라 정부가 이에 대응하기 위해 어떤 노력을 하는지 조사한다.
4. 조사 내용을 정리하고 재해 대응방안에 대한 자신의 의견을 더한다.

논술 활동 **세계 각국의 자연재해 비교하기**

1. 일본의 쓰나미와 미국의 허리케인, 일본의 지진과 네팔의 지진 등 자연재해가 일어났을 때 긍정적인 대처와 그렇지 않은 대처로 세계의 관심을 끌었던 사례를 찾아본다.
2. 신문기사 등을 검색하여 각 자연재해를 비교한다.
3. 자연재해에 따른 사상자, 재산 피해 규모 등을 비교한다.
4. 자연재해에 대한 해당 정부의 대처 노력 등을 비교한다.
5. 우리나라가 자연재해에 대응할 때 고려할 점에 대한 의견을 정리한다.

불편한 진실

문학	미술	영화	뮤지컬
		V	

2006년에 미국의 데이비스 구겐하임 감독이 만든 다큐멘터리 영화다. 미국의 부통령이었던 앨 고어가 강연한 내용을 바탕으로 지구온난화의 위험을 다루고 있다. 그 내용은 『불편한 진실: 앨 고어의 긴급 환경 리포트』라는 책으로도 출간되었다.

줄거리

지구의 온도는 점점 올라가고 있다. 2005년에는 지구의 역사 65만 년 중 가장 높은 온도를 기록했다. 당시 많은 빙하가 녹아내려 해수면이 상승하고 지구 생태계에 문제를 가져왔다. 무엇이 원인일까? 바로 산업화 이후 대량생산과 대량소비로 인해 인류의 삶이 변화하여 이산화탄소가 증가했기 때문이다.

지구의 온도를 낮추기 위해 수많은 노력을 하고 있지만, 쉽지 않다. 북극의 빙하는 지속적으로 녹고 있으며, 이상기후로 자연재해는 더욱 심각해지고 있다. 〈불편한 진실〉에서는, 이로 인해 상하이, 인도, 뉴욕 등 대도시가 물에 잠기게 될 것으로 보이며 이 끔찍한 미래가 겨우 20여 년밖에 남지 않았다고 주장하고 있다.

🎬 주제 던지기

기후변화 문제를 해결하기 위해 과학기술, 그리고 각 나라의 정부 대책도 발전하고 있다. 이와 관련하여 다음과 같은 주장을 할 수 있다.

주장 ① 과학기술의 발달이 기후변화 문제를 해결할 것이다.

왜냐하면 과학기술은 기후변화를 일으키기 위해서가 아니라 인류의 편리를 위해 발달하기 때문이다. 그러므로 기후변화 문제 해결에 초점을 맞춘 새로운 기술을 개발할 수 있다. 과학기술은 지속적으로 문제를 해결하고 인류의 번영을 만들어왔으니 기후변화 문제도 해결해낼 것이다. 기후변화의 속도를 늦추고 이에 대응하는 기술이 최근 과학기술의 핵심이기도 하다.

주장 ② 과학기술의 발달은 기후변화 문제를 해결하지 못할 것이다.

왜냐하면 현재의 기후변화가 과학기술의 발달 때문에 나타났기 때문이다. 그러므로 과학기술이 발달하면 기후변화 문제를 가속화할 수 있다. 산업화 시대에 과학기술이 이런 변화를 일으킬 줄 몰랐듯이, 현재의 과학기술도 미래에 어떤 문제를 일으킬지 알 수 없다. 과학기술은 만능이 아니다. 과학기술만 믿고 있다가는 인류의 생존에 위기를 맞을 수도 있다. 정말로 과학이 인류와 자연에 위해를 가하지 않을지 철저하게 검증할 필요가 있다.

🎬 토론 주제

과학기술이 더 발전하면 기후변화 문제를 해결할 수 있을까?

3장

사회 변동에 따른 생활공간과 생활양식의 변화

※ 생활공간과 사회

대도시에서는 우정이 뿔뿔이 흩어진다.
이웃이라는 가까운 교제는 찾아볼 수 없다.
—프랜시스 베이컨(영국의 철학자)

1 산업화는 우리의 삶을 어떻게 바꾸었나?

(!) 산업화, 산업혁명, 부르주아, 대중, 도시, 핵가족, 대의 민주주의, 서구화

다음 장의 그림은 1891년 프랑스 파리, 서커스 공연장을 그린 조르주 쇠라의 그림으로, 제목 역시 〈서커스〉입니다. 제일 먼저 무대에서 말을 타고 공연하는 사람들의 모습이 보입니다. 뒤로 관객들이 보이네요. 옆 사람과 대화를 나누는 사람, 눈을 감고 있는 사람도 있는 걸 보니 아주 편해 보입니다. 옷차림이나 치장은 화려하지 않고 평범한데, 이를 보면 귀족이라기보다는 평민 같습니다. 귀족들이 격식을 갖추어 근엄하게 즐기는 오페라 공연과는 사뭇 다른 느낌이 나지요.

프랑스의 화가인 쇠라는 산업화 이후 변화한 사람들의 삶의 방식을 잘 포착하여 묘사한 화가입니다. 〈서커스〉라는 그림은 아마도 산업화 시대에 공장 등에서 일을 마친 후 저녁이나 주말 여가시간을 서커스 공연장에서 즐기는 대중의 일상을 그린 듯합니다.

쇠라의 〈서커스〉(1891). 산업화 시대 대중의 일상을 엿볼 수 있다.

이러한 모습 이외에도 산업화는 인간의 삶을 어떻게 바꾸었을까요?

과학·노동력·자본, 산업화를 이끌다

사람들이 필요한 물건을 갖는 방법은 다양합니다. 자신이 직접 만들기도 하고, 다른 사람이 만든 것에 대가를 지불하고 가질 수도 있죠. 농경사회에서는 대개 필요한 물건을 직접 만들어 사용했습니다. 물물교환 등을 하기는 했지만, 그래도 스스로 만드는 경우가 더 많았을 것입니다.

그런데 증기기관이 발명되고 전기 같은 에너지원을 확보하자 공장에서 대량생산이 가능해졌습니다. 그러자 상황은 달라집니다. 다른 사람이 만든 물건에 대가를 지불하고 그 물건을 갖는 게 쉬워졌습니다. 이는 사람들의 삶을 크게 바꾸었습니다.

공장제 생산 방식에 기반한 제조업이 인간의 삶에 큰 영향을 미친 것은 바로 18세기, 영국에서 일어난 산업혁명부터입니다. 산업화가 시작된 것이지요. 산업화는 말 그대로 농축업 중심에서 제조업 중심으로의 변화를 말합니다. 공장제 생산이 활발해지자 대량생산과 대량소비가 가능해져서 경제적인 변화도 컸지만, 정치·사회·문화적으로도 엄청난 변화가 나타납니다.

먼저 기존과 완전히 달라진 생산과 소비 방식부터 살펴보지요. 이런 변화를 이끌어낸 것은 첫째로 동력, 기계 같은 과학기술의 발달입니다. 와트의 증기기관이 실용화되면서 18세기 후반 들어서는 다양한 공장에서 증기기관을 이용하여 물건을 만들어냈죠. 증기기관은 석탄을 캐는 데도, 면방직 공장에서 기계를 돌리는 데도 사용되었습니다. 증기기관차나 증기선 같은 수단이 등장하자 대량생산한 물건을 전보다 쉽게 유통할 수 있게 되었고, 당연히 사람들도 편리하게 이동할 수 있게 되었죠. 이후 지속적으로 이어진 기계 발전은 산업화를 더욱 촉진했습니다.

둘째는 노동력입니다. 일자리가 늘어나자 공장이 들어서는 곳에 사람들이 많이 모이기 시작했습니다. 자연히 도시가 형성됩니다. 농촌에서 일하던 사람들이 도시로 이동하여 노동자가 되었습니다. 과거에 장인으로 대접받던 사람들은 몰락하거나 노동자로 흡수됩니다.

셋째는 자본입니다. 산업화 이전에는 왕족이나 귀족 같은 지배 계층의 상당수가 주어진 신분을 세습했습니다. 그런데 산업화 이후에 '부르주아'라는, 산업혁명 전에 무역을 통해 자본을 쥐게 된 신흥 유산계급이 생겨납니다. 부르주아는 시민혁명을 통해 정치적 권력까지 잡으면서 새로운 정치적 지배 계층으로 떠올랐습니다. 세습에 의해서가 아니라 개인의 노력에 의해 새로운 지배 계층이 형성되기 시작한 것입니다.

이 세 가지 요소는 산업화를 가능하게 한 동력이었고, 무수한 삶의 양식을 변화시켜 나가는 데에도 주도적인 역할을 했습니다.

산업화가 바꾼 풍경 ❶ : 노동자의 탄생

산업혁명이 시작된 영국. 1811년경, 실존 인물이라고도 하고 가상 인물이라고도 하는 네드 러드 등 일군의 노동자들이 밤에 복면을 하고 섬유 공장의 기계를 파괴하는 사건이 일어납니다. 이는 지도자인 러드의 이름을 따서 러다이트 운동이라고 부릅니다.

이들은 왜 이런 짓을 한 걸까요? "증기 기관 하나가 때로는 천 명을 실업자로 만들고, 모든 노동자에게 나누어 줘야 할 이익을 한 사람의 수중에 넘긴다. 기계가 새롭게 개선될 때마다 숱한 가정의 빵이 강탈당한다."[22] 이 사건의 원인에 대한 당시 신문사의 평입니다.

이 사건은 기계가 인간의 일자리를 대체할 거라는 두려움을 가진 노동자들이 행한, 산업화에 대한 저항이자 악덕한 자본가에 대한 저항입니다.

공장에 침입해 기계를 부수는 러다이스트들. 이들은 실업과 생활고의 원인이 기계에 있다고
보았다.

산업화 이전에는 땅을 가진 지주와 농노, 혹은 귀족과 평민의 계급적 대
립이 있었다면, 산업화 사회에서는 자본가와 노동자라는 새로운 계급의
대립이 만들어진 것입니다.

　어느 시대든 노동이 즐겁기만 할 수는 없었겠지만, 특히 산업화 초기에
노동자들은 하루 16시간이나 장시간 노동을 하였습니다. 공장 환경도 열
악해서 일하다가 다치거나 죽는 경우도 많았고요. 게다가 그때는 10세 이
하의 어린이들도 적은 임금만 받고 일을 했습니다. 당시에는 이런 것을 사
회문제로 인식하지 않았습니다.

　그러다 러다이트 운동이 일어나자 노동자들은 착취당하는 삶에 대해

각성을 했고, 노동조합을 결성하는 계기가 됩니다.

90여 년이 흐른 후 영국에서는 1900년에 노동당이라는 정당을 만들었습니다.[23] 그리고 사회법의 대표적 사례인 노동법을 만들어 정부가 노동자의 삶을 보호하려는 노력도 합니다. 심야노동 금지, 1일 노동 시간을 10시간으로 제한, 아동노동 금지 등 현재 강조하고 있는 노동보호 조건을 법적으로 규정하면서 노동자의 삶이 조금씩 개선되기 시작했습니다.

그러나 러다이트 운동에서 중요하게 다루었던 열악한 조건과 분배의 불평등에 대한 문제는 오늘날에도 완전히 해결되지 않았습니다. 노동 관련 법이 만들어진 이후로도 노동자의 삶의 질을 개선하라는 주장과 저항은 지속적으로 나타나고 있습니다.

산업화가 바꾼 풍경 ❷ : 대중의 등장

산업혁명 전에 시민혁명이 일어나 보통선거 제도가 도입되었습니다. 그러나 노동자 등 다수의 사람들은 여전히 선거권이 없었고, 투표권이 있다 하더라도 누구는 1표, 누구는 3표, 하는 식으로 불평등하게 부여되었습니다. 당시 민주주의가 발달했다고는 하지만 경제적 수준이나 성별 등 여러 조건에서 제한이 있었기 때문에 정치적 평등이 완전히 이루어진 것은 아닙니다.

그러자 영국에서 재산에 따른 차별을 없애고, 남성 노동자들도 선거권을 갖게 해달라고 요구하는 차티스트 운동이 일어납니다.[24] 1838년에 '남성에 보통선거권 부여, 균등한 선거구 확정, 비밀투표 도입, 매년 선거, 의원 보수 지급, 의원 출마 자격에서 재산 자격 제한 폐지'를 핵심 내용으로 담은 '인민헌장(People's Charter)'을 만들었습니다. 그리고 이를 의회에서 통과시키기 위해 지지자들이 여기저기서 차티스트 대회를 열게 되면서, 이는 사회운동의 성격이 더해졌습니다.

차티스트 운동은 당시 영국 사회의 다른 이슈에 묻히기도 하고, 경제적 번영 시기엔 사람들의 관심에서 멀어지면서, 원했던 결과를 얻지 못한 채 끝났습니다. 하지만 시간이 많이 흘러 차티스트 운동에서 강조한 6개 조항 중 '매년 선거'를 제외한 나머지 조항은 모두 수용되었습니다.

법안의 이름인 'Chater(헌장)'에서 이름을 딴 이 운동은 결과적으로는 실패했다고 볼 수 있습니다. 그러나 보통선거가 확장되고 평등선거가 이어지면서 다수 대중에 의한 정치가 가능한 사회로 바뀌는 데 큰 공헌을 했다는 점은 인정해야 할 것입니다.

당시 대중의 일상은 어땠을까요? 농경사회와 달리 공장 시간표대로 정해진 시간에 출퇴근하고, 월요일부터 일을 하다 주말에는 휴식을 취하고, 화장실에 가는 것도 정해진 시간에만 가능하고……. 규칙대로 움직이는 공장에서 노동자들이 협동해야 했기에, 산업화 이후 사회에서 '시간은 금'이었습니다.

이 금쪽 같은 시간을 정확하게 지키기 위해 사람들이 쉽게 볼 수 있게 광장의 높은 첨탑에 시계를 내걸었지요. 영국 국회의사당 빅벤의 큰 시계탑처럼 말입니다. 공장 가동 시간을 맞춰 살다 보니, 사람들의 일상도 그와 비슷해졌습니다.

일하고 쉬는 시간대가 비슷해지고, 공장에서 대량생산한 물건을 소비하다 보니 사람들의 인간관계와 생활 모습이 비슷해졌습니다. 쇠라의 〈그랑

대중은 왜 평등선거를 주장했나?

보통, 민주주의를 말할 때 아테네의 직접 민주주의를 이야기한다. 아테네에서 직접 민주주의가 가능했던 것은 도시 규모가 작아 구성원이 쉽게 모일 수 있었기 때문이라는 점도 잘 알려져 있다. 그런데 더 중요한 이유가 있다. 당시 시민들은 노동에서 자유로워 시간이 여유로웠다는 점이다. 노예가 노동을 대신했기에 시민들은 한데 모여서 정치적인 문제를 직접 논의하고 의결할 수 있었던 것이다.

그런데 산업화 이후 노동자들은 노동을 하여 생활을 유지해야 했다. 그래서 선거권과 피선거권을 얻고도 정치에 직접 참여하기 어려웠다. 결국 대표를 뽑아서 정치에 대한 세부적 논의를 일임하는 대의 민주주의를 택할 수밖에 없었다. 대의 민주주의에서는 표로 자신의 정치적 의사를 표현하기 때문에 보통선거와 함께 평등선거도 매우 중요했다. 그래서 재산 같은 조건으로 인해 투표권이 제한받지 않고, 누구의 표든 같은 가치를 갖는 평등선거를 도입했다. 이는 민주주의를 제대로 작동하게 하는 원동력으로 보아야 할 것이다.

드 자트 섬의 일요일 오후〉라는 그림에서도 일에 지친 사람들이 휴일에 자연으로 나와 휴식을 취하는, 비슷비슷해진 삶의 모습을 엿볼 수 있습니다.

한편 도시로 이동한 수많은 노동자들은 인간적인 유대보다는 일에 의해 생활방식이 규정되는 삶을 살게 됩니다. 일을 바탕으로 인간관계를 형성하다 보니 개인 간의 유대는 약해지고 생활양식은 획일화되었습니다. 산업화 시대에 사람들이 하루하루 기계 속 부품처럼 살아가는 모습을 풍자한 〈모던타임즈〉라는 영화도 있지요. 이로 인해 나타나는 인간 소외 현상이 사회문제가 되기 시작합니다.

산업화가 바꾼 풍경 ❸ : 도시라는 공간

산업화가 한창이었던 19세기 후반 영국의 아서 코난 도일은 셜록 홈스라는 탐정을 주인공으로 한 추리소설을 세상에 내놓았습니다. 런던 베이커 가 221B 하숙집에 사는 주인공 셜록 홈스는 왓슨 박사와 함께 도난에서 살인에 이르기까지 다양한 사건을 해결합니다.

셜록 홈스는 논리적이고 과학적인 추리로 사건을 해결하지만, 인간적으로는 매우 냉정한 인물입니다. 아직도 대중적 인기를 누리는 이 셜록 홈스는 어쩌면 당시의 과학기술 발달을 상징하는 인물이 아닐까 합니다. 특히 산업화된 도시 공간에서 분자적 인간관계를 맺으면서 살아가는, 산업화 시대를 상징하는 인물 말입니다.

홈스라는 탐정이 하필 런던에 등장한 것은 우연만은 아닐 겁니다. 일자리를 찾아 도시로 사람들이 몰려들자 도시 인구는 그 어느 때보다 넘쳐났습니다. 19세기 초 인구가 100만 명이었는데, 20세기 초반에 6배나 늘어나 600만 명이 넘었으니까요. 이렇게 대도시가 되자 촌락에서와 달리 익명성이 강해지고, 아무리 일을 해도 먹고살기 힘들어지는 빈민도 늘어났습니다. 당연히 범죄도 많아질 수밖에 없습니다. 급격하게 늘어난 도시민들 사이에서 생기는 치안 문제를 공권력만으로 해결하기는 어려웠을 것입니다. 그러자 사람들은 사적으로 탐정을 찾게 된 것이지요. 역시 산업화된 공간에서의 삶과 관련이 있어 보이지요?

산업화된 도시민의 삶을 힘들게 한 것이 또 있습니다. 공장에서 나오는 연기로 인한 대기오염이 그것입니다. 당시 런던을 묘사한 그림에서 스모그가 빠지지 않는 걸 보면 대기오염이 얼마나 심각했는지 알 수 있습니다. 그 많은 사람들이 모여 살며 내놓는 폐기물도 오염을 부추겼지요. 인구가 몰려드는 속도에 비해 화장실 같은 공중시설이 늘어나지 않아서 인구 200명당 공중 화장실 하나 정도였던 시절도 있었다고 합니다. 그러니 도시가 얼마나 지저분했을지 상상이 되나요.

셜록 홈스가 활약한 19세기 후반 들어서는 공중 화장실도 꽤 많이 생기고, 하수도 등 기반시설도 약간 정비되면서 도시에서의 삶이 조금씩 나아집니다. 셜록 홈스를 다룬 영화를 보면 그가 왓슨 박사에게 사건을 해결을 위해 런던의 하수도로 들어가게 하는 장면이 있습니다. 19세기 중반에 런던 템스강 오염을 해결하기 위해 하수도 시설을 마련했기 때문에 그런 설정도 가능해졌지요.

과거에도 도시가 존재했지만 산업화 이후에 생성된 도시는 이전과 다릅니다. 인류 초기에 인구가 밀집해 살던 나일강이나 인더스강은 인간의 생존에 적합한 자연환경을 가지고 있었습니다. 그러나 산업화 시대의 도시는 자연적 조건에 더하여, 상업 조건이나 과학기술의 발달이라는 인간 노력의 결과가 체계적으로 갖추어진 조건에서 성장하게 되었습니다. 인구 밀도가 높아지고, 건물 고도가 높아지고, 교통과 통신, 상수도와 하수도 등 사회 간접자본 또한 충분히 갖추어진 도시로 말이지요. 현재 우리가 살고 있는 도시는 바로 산업화가 이루어낸 공간적 발명품입니다.

산업화가 바꾼 풍경 ❹ : 핵가족 융성

산업화 이전 농경사회에서는 농사를 짓는 데 많은 노동력이 필요했죠.

가족이나 친족이 모여서 사는 것이 생산성을 높이는 데 도움이 되었습니다. 그러다 보니 결혼한 2세대 이상이 한 집에 같이 사는 확대가족이 많았던 거고요. 그렇다고 결혼한 한 세대만 있는 가족, 즉 부부와 자녀로 구성된 핵가족이 아예 없었던 것은 아닙니다. 다만 핵가족으로 살더라도 대부분 부락을 이루어 모여 살았지요.

그런데 산업화로 사람들이 일자리를 찾아 주거지 이동이 빈번해지자 가족 형태가 바뀌기 시작합니다. 각자의 직장까지 쉽게 이동하려면 친족들끼리 모여 살기보다는 독자적으로 움직일 수 있는 핵가족이 유리해졌지요. 이렇게 그 시기의 대표적인 가족 유형이 핵가족으로 변합니다. 핵가족은 산업화 시대를 가능하게 해준, 달리 말하면 산업화 시대에 적응한 가족 형태라고 볼 수 있습니다.

핵가족에서는 부부를 중심으로 가정을 이룹니다. 그러다 보니 가족 내 애정이나 친밀감에 대한 요구가 많아지고 가족 간 관계가 수평적이 되지요. 후에 가족 관계에서 개인주의적 정서가 자리를 잡게 된 계기가 마련된 셈입니다. 또한 대중교육이 도입되어 자녀를 직접 교육하지 않는 등, 전통적으로 가족이 가졌던 사회화나 경제적 기능들이 사회로 이전됩니다. 이러한 변화는 향후에 여성의 사회 진출을 가능하게 하는 계기로도 작동합니다.

산업화는 서구화로 이어지고

그런데 다른 나라도 아니고 왜 영국에서 산업혁명이 시작되었을까요? 그 이유는 첫째, 영국에 산업화의 자원인 철강이나 석탄 자원이 풍부했기 때문입니다. 증기기관이 발명되자 이를 에너지로 활용할 수 있었고요. 둘째, 그 당시 영국은 다른 나라보다 빠른 시기에 시민혁명을 거쳤고 부르주아가 정치적 자유를 누리고 있었습니다. 이들이 산업혁명의 중추적인 역할을 했지요. 영국의 부르주아 중 일부는 종교의 자유를 찾아 유럽 대륙에서 영국으로 이주한 신교도들이었습니다.

이런저런 이유를 보면 영국에서 산업혁명이 먼저 시작된 이유는 단순히 경제적 조건만이 아니라 정치·사회·문화적 조건이 연계된 결과였음을 알 수 있습니다. 즉 산업화의 동력이 된 산업혁명은 시민혁명의 영향을 받았으며, 시민혁명과 함께 근대사회로의 전환에도 큰 영향을 준 것이지요.

산업화로 인해 인간 이성의 소중함, 과학기술에 의한 사회 변화 가능성을 인식했고, 보통선거 확대와 평등선거를 통한 대중정치 도입, 대량생산과 대량소비를 기반으로 하는 시장경제 체제 형성, 신분제에서 벗어난 노동자와 자본가 집단 등 근대적 생활양식이 나타납니다. 산업화 이후에 확산된 대의 민주주의, 자본주의, 개인주의적 가치 등을 고려하면 실제로 산업화 이후 인간의 삶은 과거와는 완전히 달랐습니다.

영국에서 시작된 산업화가 서유럽, 미국, 일본 등을 거쳐 다른 나라로 확장해가는 과정에서 또한 단순히 공업 중심의 경제적 변화만 일어나지는 않았습니다. 앞서 시민혁명이 산업화에 영향을 미쳤음을 보아도 알 수 있지요. 일본이나 우리나라 같은 아시아 국가에 산업화가 나타나면서 정치·경제·문화·의식적 측면에서 서유럽의 영향을 받기도 했습니다. 이렇듯 산업화는 단순한 경제적 변화가 아닙니다. 산업화는 생활방식을 바꾸었고, 서유럽, 즉 서구[25]의 생활방식을 수용하는 '서구화'였다고 볼 수 있습니다.

창작 활동 19세기 프랑스 화가의 그림으로 보는 산업화 컬렉션 만들기

1. 쇠라의 작품처럼 산업화 당시의 모습을 그린 그림들을 선정한다.

2. 미술 평론집 등을 참조하여 각 그림에서 나타나는 모습 중 어떤 것이 산업화 사회의 산물과 관련이 있는지를 파악한다.

3. 여러 가지 그림을 참조하여 산업화 사회의 풍경을 담은 컬렉션에 이름을 붙이고 그림을 소개한다.

창작 활동 과학기술의 발달과 산업화를 설명한 연대기 만들기

1. 증기기관 등 산업혁명에 영향을 준 과학기술의 리스트를 만든다.

2. 각 과학기술이 산업화에 결정적인 영향을 준 이유를 파악한다.

3. 이들 과학기술의 발달 과정과 그에 따른 사회 변화를 연대기 형식으로 제작한다.

글쓰기 활동 우리나라 산업화의 주요 장면을 연결하여 이야기 만들기

1. 우리나라의 산업화를 보여주는 사진 자료를 10개 내외 정한다. (과학기술, 노동자, 도시, 가족생활 등 다양한 측면을 고려하여 사진 자료를 구성한다.)

2. 각 사진에 나타난 산업화의 특징을 고려하여 산업화 초기에 살았던 사람들의 생활양식에 대한 이야기를 만든다.

3. 이야기와 사진을 적절하게 구성하여 리포트를 구성한다.

2 도시의 성장과 도시민의 삶

도시화, 메트로폴리스, 메가시티, 메갈로폴리스, 도시 문제, 환경오염, 열섬현상, 도시성, 마을 공동체 운동

1964년의 어느 날, 새벽 3시를 조금 넘긴 시각. 뉴욕의 한 아파트 단지에서 여성의 고함 소리가 들렸습니다. 그리고 정적. 아파트 단지 안의 길가에서 피해자인 키티 제노비스라는 여성이 35분 동안 세 번에 걸쳐 칼에 찔려 "살려달라"며 비명을 질렀지만 결국 죽은 채로 발견됩니다. 경찰의 수사에 따르면 아파트 단지 안에서 살해 장면을 목격한 사람들이 38명이나 되었다고 합니다. 하지만 그중 누구도 범죄자에게 경고하는 고함을 지르거나 경찰에 신고하지 않았습니다.

목격자가 다수 있는 이 살인 사건에 대해, 언론은 '왜 38명이나 되는 목격자 중 아무도 피해자를 도와주지 않고 모두 방관자가 되었는가?'에 관심을 가집니다. 당시 신문기사들은 방관자들의 태도와 관련하여 "차가운 사회" "무감각한 시민정신" "인간성 소멸" 같은 헤드라인을 뽑았고, 한 기

자는 "대도시라는 익명성에 따른 결과"라고 평했습니다.[26] 대도시에 살면서 갖게 된 냉담함이 만들어낸 결과라는 것입니다.

그런데 이 사건에 대하여 심리학자는 조금 다른 설명을 합니다. 목격자 38명을 인터뷰한 결과, 방관자들은 하나같이 다른 사람이 경찰에게 연락했을 거라고 생각하여 아무런 조치를 취하지 않았다고 했습니다. 이를 책임감 분산 효과라고 하며, 방관자 효과◆라고도 합니다.

1964년 뉴욕에서 일어난 이 살인 사건에서 다수의 방관자가 나타난 원인이 무엇인지도 중요하지만, 더 관심을 가져야 하는 것은 여전히 비슷한 사건이 현재 우리가 살고 있는 공간에서도 일어나고 있다는 점입니다. 우리 역시 그날 새벽에 살인 사건을 목격한 38명의 방관자 같은 도시민으로 살아가고 있고요.

도시의 성장과 기능적 분화

산업혁명 이후 수많은 노동인력이 이동하면서 도시가 형성되었습니다. 그래서 도시화는 산업화에 영향을 주고 산업화는 도시화에 영향을 줍니다. 산업화가 고도화될수록, 촌락 지역이 도시에 편입되어 도시는 더 많아지고 더 커집니다.

도시는 인구로 결정됩니다. 우리나라는 인구가 5만 명 이상이면 도시로 보는데, 이런 기준은 나라마다 다릅니다. 인구가 200명만 돼도 도시로 보는

◆ 방관자 효과   주변에 사람들이 많을수록 혼자 있을 때보다 어려움에 처한 사람을 덜 돕게 되는 현상을 뜻한다.

나라(덴마크와 스웨덴)도 있으니까요. 좌우간 산업화된 국가에서는 다수가 도시민으로 살아갑니다. 서유럽은 인구의 70% 이상이 도시에 거주합니다.

도시화는 도시 인구가 늘면서 일정한 공간에 인구밀도가 높아지고, 사람들이 주로 하는 일이 제조업이나 서비스업이 되어가는 양상을 말합니다. 그러나 이것만을 두고 도시화라고 하지는 않습니다. 위의 양상에 더하여 그곳에 사는 사람들의 생활양식이나 가치관 등에서 도시만의 독특한 현상이 강화됩니다. 이는 도시의 문제가 되기도 합니다.

도시는 성장하면서 기능적인 분화를 시작합니다. 과거 서울에는 중심에 행정기관과 백화점, 시장 등 행정시설과 도·소매 시설이 있었고, 외곽에 공장 지대가 형성되었습니다. 그런데 서울의 범위가 점점 커지고, 대기업 본사나 금융기관 등이 모이는 지역이 생기면서 도시 공간이 기능으로 분화되었습니다. 또한 더 이상 도시가 사람들의 주거를 해결하지 못하게 되자 도시 외곽에 대규모 주거단지가 개발됩니다. 이처럼 도시 공간이 기능에 따라 개발되면서 행정·상업·공업·금융, 주거 등으로 분화를 하게 됩니다.

그런데 도시의 주거 공간이라고 모두 비슷하지는 않습니다. 이 역시 계층과 인종 등 다양한 요인에 의해서 분화합니다. 학자들의 설명으로는 동심원형이냐 선형이냐에 따라 달라지지만, 일반적으로 도시의 중심에서 조금씩 멀어질수록 저소득층, 그다음으로 중산층, 그다음에 고소득층의 주거지가 형성됩니다. 어떤 경우에는 중심지나 공장 등 업무 지역 근처에 저소득층, 그 외곽에 중산층, 고소득층의 주거 지역이 위치하기도 합니다.

한번 형성된 계층별 주거지가 그대로 지속되는 것도 아닙니다. 미국의 자동차 산업으로 성장한 도시 디트로이트를 배경으로 하는 〈그랜 토리

한국의 도시 빈민과 판자촌

도시가 성장하면 일자리가 늘어나 인구가 유입된다. 도시는 급속도로 수많은 사람들을 빨아들이는 반면, 이들이 살 공간의 제공은 그 속도를 따라잡지 못한다. 그러자 돈이 없는 도시 빈민은 토지를 무단으로 점유하여 집을 짓고 살게 된다. 한국의 도시 성장기에 도시 빈민들이 모여 살던 무허가 주택의 대표적인 예가 판자촌이다.

한국의 판자촌은 6·25 전쟁 후 부산 등 남부 지역 도시로 인구가 몰리면서 임시 거처로 형성되었다. 그러다 산업화가 진행된 1960년대 이후 도시로 이주한 빈민들이 모여서 다시 판자촌을 형성하였다. 시간이 흐르면서 도시개발 정책에 따라 판자촌이 사라져갔는데, 최근에는 쪽방촌이 판자촌을 대신하여 도시 빈민의 주거지가 되었다.

노)라는 영화가 있습니다. 보수적인 백인 노인 월트로 분한 클린트 이스트우드는, 자신이 오랜 기간 살아온 동네가 베트남 이주민의 주거지로 변해가는 것에 싫은 티를 역력히 냅니다. 하지만 여러 가지 이유로 쉽게 떠나지는 못하지요. 여차저차해서 이웃인 베트남 출신 남자아이와 연령을 초월한 우정을 맺고, 위기에 빠진 그를 살리기 위해 자신을 희생하면서 영화는 마무리됩니다.

영화 〈그랜 토리노〉에서 월트가 살던 곳은 원래 백인들의 주거지였습니다. 그런데 시간이 흐르자 중산층 백인들은 더 좋은 신흥 외곽 주거지로 이주하고, 그곳은 슬럼화되면서 아시아계 이주민들의 주거지가 됩니다. 이처럼 경제적 여유가 있으면 더 좋은 주거지로 이동하고, 중산층의 주거지

가 저소득층이나 이주민의 주거지가 되기도 하고, 심한 경우에는 슬럼화되어 범죄의 온상으로 변하기도 합니다.

그래서 같은 도시 안이라 해도 부촌과 빈민촌으로 구분이 가능해집니다. 그러므로 도시민에게 "어느 동네에 사느냐"라고 묻는 것은 그의 계층을 확인하는 방법이자 무례한 질문이 될 수도 있습니다.

메트로폴리스에서 메갈로폴리스까지

초기에 기능적 분화를 통해 도시 규모가 커지면서, 인구가 100만 명이 넘는 메트로폴리스, 즉 거대도시가 형성되었습니다. 산업화 초기 유럽에서는 런던이 최초로 메트로폴리스가 되었고, 지금은 거의 대부분의 산업화된 국가에서 메트로폴리스가 나타납니다. 우리나라도 서울을 비롯하여 부산, 인천, 광주, 대전과 같은 대도시들이 형성되었고요. 이 도시들은 인

구가 100만 명이 넘고, 경제나 문화 등 다방면에서 중추적 역할을 합니다. 그러다 인구가 1,000만 명이 넘는 메가시티가 등장합니다. 우리나라의 경우 서울이 해당됩니다.

최근에는 메갈로폴리스라는 새로운 현상이 나타났습니다. 이는 어떤 도시가 인접한 대도시와 하나의 띠를 이루면서 연합하여 교통 통신망 등이 연결되어 기능적으로 일체화되는 모습, 국가 경제 등에 중추적인 역할을 하는 경우를 가리킵니다. 미국의 경우 동북부 해안지역에 위치한 보스턴─뉴욕─필라델피아─워싱턴으로 이어지는 지역이 대표적인 메갈로폴리스입니다.

메트로폴리스, 메가시티, 메갈로폴리스에 이르기까지 도시는 수평적으로 확장해왔습니다. 그러나 최근에는 수직적으로 고도를 높여가는 성장을 합니다. 서울의 경우를 볼까요? 1930년대 초반까지만 해도 5층짜리 화신백화점이 서울에서 가장 높은 건물이었죠. 서울에 집단 거주 주택인 아파트가 도입된 초기에도 대부분 5층을 넘어가지 않았습니다. 하지만 지금은 가장 높은 건물이 123층이나 되고, 40층 이상 되는 건물은 이곳저곳에서 쉽게 볼 수 있죠.

거대한 도시에 우뚝 솟은 주상복합 건물은 주거지, 사무, 관광, 쇼핑 등 모든 기능을 담고 있어서 독자적으로 하나의 도시가 됩니다. 많은 나라들이 초고층 건물을 짓는 것을 과학과 건축기술 발달의 상징, 그리고 부의 상징으로 여기기 때문에 도시의 마천루◆는 계속 늘어날 것으로 보입니다.

도시 성장이 만들어낸 문제들

사람들이 도시로 몰리면서 도시는 수평적으로, 동시에 수직적으로 확장되는데 이 과정에서 다양한 문제들이 나타납니다.

우선 도시로 사람들이 집중되면 녹지를 주거지로 만들어야 하므로 자연환경이 파괴됩니다. 녹지가 사라지면 겉으로는 도시가 깨끗해 보일지도 모르지만, 많은 인구가 방출하는 오염물질이 지하로 흘러들어갑니다. 종종 하천에 섞이기도 하고요. 공장이나 자동차에서 발생하는 오염원도 대기를 오염시킵니다.

계층에 의해 주거지가 나뉘면서 지역 간 불평등 현상이 나타납니다. 주택 공급보다 수요가 더 많기 때문에 신도시를 개발해도 집값은 지속적으로 오릅니다. 농작물의 생산지와 멀어지니 농산품 가격도 오릅니다. 기본적으로 도시민은 촌락에 사는 이들에 비해 더 많은 생활비를 부담해야

◆ 마천루 하늘을 찌를 듯이 솟은 아주 높은 고층 건물을 말한다.

합니다. 이렇게 보면 도시민이라는 이름은 그냥 주어지는 게 아니라 고비용을 부담한 결과이지요.

도시의 환경도 대가를 치릅니다. 고층 건물은 자연스러운 바람길을 막지요. 그러다 보니 도시 사람들은 시원한 바람을 맞기가 어렵고, 오염물질도 흘러가지 못합니다. 그래서 도시는 갈수록 더워지고 더러워지는 것이죠.

콘크리트와 유리로 만든 고층 건물은 낮에는 뜨겁게 달구어졌다가 도시의 밤을 덥힙니다. 편리한 이동을 위해 깐 아스팔트 덕에 녹지가 줄어 이 역시 기온 변화에 영향을 미치죠. 도시를 만들어내는 인공물로 인해 더워진 도시에서 더운 여름을 보내야 하는 사람들은 어쩔 수 없이 에어컨을 사용하고, 에어컨 실외기에서 나온 더운 바람이 안 그래도 더운 도시를 더 달굽니다.

이렇게 도시는 농촌보다 열을 더 많이 뿜으면서도 자연스럽게 배출하지 못합니다. 결국 대기오염이나 인공열 때문에 주변 지역에 비해 온도가 높게 나타나는 열섬현상이 나타납니다. 보통 주변 지역에 비해 3~4도 정도 높게 나타난다는군요. 우리나라 대부분의 도시에서 열대야 현상이 증가했는데, 열섬현상이 그 원인일 가능성이 큽니다.

근래 뉴스에 층간소음으로 인한 살인 사건이 종종 등장합니다. 고독사한 사건도 종종 들리고요. 이들 사건과 앞서 뉴욕 살인 사건이 어딘가 닮은 것 같지 않나요? 무엇 때문에 이런 사건들이 발생할까요?

도시화가 되자 직업 또한 다양하게 분화하여 종류가 많아졌습니다. 1차 산업 위주인 농업사회와 달리 2차 산업과 3차 산업에서 다양한 직업이 생겼고, 공장제 대량생산 과정에서 직업 분화가 심해졌지요. 기존에 가정에서 해결하던 많은 일들이 직업으로 바뀌기도 했습니다. 어린이집, 유치원, 식당, 이·미용업 등이 대표적인 예죠.

현대인은 대단지 아파트 등 주거 지역에서 모여 살면서도, "옆집 숟가락 개수까지 안다"는 시골 어르신들과 달리 옆집 사람 얼굴도 모르고 살아갑니다. 그러다 보니 뭔가 문제가 생기면 인정으로 해결하기보다 법으로 해결하려고 합니다. 또한 여의치 않을 때 폭력을 사용하기도 하고 종종 살인까지 갑니다. 그런 사건마저도 금세 잊히고요.

사실 도시민으로 살아가는 사람들 대부분은 뉴욕 살인 사건의 방관자처럼 남의 일에 개입하기를 별로 원하지 않습니다. 혼자 타고 있는 엘리베이터에 들어오는 사람이 분명 같은 층에 사는 낯익은 얼굴이라 하더라도 서로 인사하지 않습니다. 불편하지 않을 정도로 거리를 두고 모르는 척하지요. 이를 '시민적 무관심'이라고 합니다.

시민적 무관심과 함께 익명성은 도시인의 중요한 특성입니다. 엘리베이터, 버스, 스포츠센터에서 만나는 낯익은 사람들. 얼굴은 알지만 그 외엔 아무것도 모르고 서로의 삶에 개입하지 않으며 문제가 생겨도 도와주지 않는 생활. 도시민의 이런 삶은 좋은 걸까요, 나쁜 걸까요?

도시 속의 새로운 움직임, 마을 공동체 운동

익명성, 이질성, 무관심. 도시의 삶을 상징하는 표현들입니다. 그런데 최근 들어 이를 개선하려는 움직임이 나타나고 있습니다. 아파트에 "○○○마을"이라는 이름을 붙여서 농촌 같은 성격을 부여하기도 하고, 엘리베이터 안에서 인사 나누기 캠페인을 하는 공동주택도 있습니다. 단독주택 지역에서는 담장 없애기 사업을 통해 지역 주민들 간의 소통을 강조하기도 합니다.

도시 내에서 마을 공동체를 만들려는 움직임도 나타납니다. 공동육아나 친환경 음식에 대한 관심을 가진 이웃끼리 협동조합을 만들기도 합니다. 주민들이 협력하여 도시에서 생태계 보호를 위한 다양한 문제를 해결하는 모임을 만들기도 합니다. 대표적인 곳이 서울의 '성미산 마을'입니다. 성미산 마을은 행정적으로 존재하는 지역이 아니라 망원동, 성산동, 연남동 일대 주민들이 만든 연대적인 공간입니다.

성미산 마을 같은 사례는 오랜 기간 수평적·수직적 분화를 하며 비대해진 도시에서 비슷한 생각을 가진 사람들이 연대하여 과거 공동체의 특징을 찾으려고 하는 새로운 공동체 운동이라고 볼 수 있습니다. 마을 공동체 운동은 도시에서도 비슷한 가치를 지향하는 사람들이 모여서 도시적 익명성과 이질성, 무관심을 극복할 수 있음을 보여줍니다. 이런 노력이 있다면 한밤중에 도와달라는 외침을 듣고도 38명이나 외면한 제노비스 사건 같은 일이 줄어들 수 있겠지요.

메트로폴리스, 메갈로폴리스의 '폴리스'는 과거 아테네의 도시국가인 '폴리스'에 어원이 있습니다. 정치학에서 폴리스를 설명할 때, 도시의 가장 높은 곳에서 소리쳐 부르면 그 목소리가 도달하는 정도의 공간이라고 말합니다. 직접 민주주의가 가능한 공간을 상징적으로 표현한 것입니다. 오늘날 마을 공동체 운동을 보고 있노라면, 거대해진 메트로폴리스, 메가시티, 메갈로폴리스 안에서 과거의 '폴리스'를 만드는 게 아닌가 하는 생각이 듭니다.

제작 활동 대도시의 역사 지도 만들기

1. 거주하는 곳에서 가까운 대도시(광역시)를 찾아서 그 역사를 찾아본다.

2. 대도시의 확장 과정을 찾아보고 지도상으로 변화 과정을 그려본다.

3. 대도시로 성장하는 과정에서 나타난 문제를 한두 가지 찾아서 같이 제시한다.

조사 활동 세계의 초고층 건물 소개하기

1. 세계 여러 나라의 초고층 건물을 10개 찾는다.

2. 초고층 건물의 특징을 비교하고, 내가 가장 좋아하는 건물을 택한다. 그 이유를 도시민의 삶과 관련하여 설명해본다.

보고서 활동 도시의 마을 공동체 찾기

1. 내가 사는 지역의 마을 공동체를 찾아서 방문하다.

2. 지역의 사진을 찍고, 마을사람들과 인터뷰를 한다. (인터뷰 내용은 미리 준비한다.)

3. 마을 지도와 함께 그 지역의 공동체 특징을 정리하여 소개하는 보고서를 만든다.

3 삶을 연결하고 공간을 확장하는 교통과 통신의 발달

💬 교통과 통신, 철도, 도로, 빨대효과, 지역의 획일성과 다양성

하계 올림픽은 4년마다 열리는 지구촌의 축제입니다. 우리나라가 광복 후 처음으로 올림픽에 참가한 것은 1948년 런던 올림픽이었습니다. 광복되고 얼마 안 된 상황인지라 참가한 선수는 67명이었지요.

이들은 서울에서 런던까지 기차, 배, 비행기를 바꾸어 타면서 이동했습니다. 서울역, 부산역, 일본 요코하마, 상하이, 홍콩, 콜카타(캘커타), 카이로, 로마, 암스테르담을 거쳐 런던으로 가는 데만 20여 일 걸렸다고 합니다. 긴 여정에 힘들었을 텐데도 최초로 대한민국이라는 이름을 달고 출전하여 역도와 복싱에서 동메달 2개를 땄습니다. 그러나 당시에 우리나라에서는 이들의 경기 장면을 직접 보지는 못했지요.

2012년 7월 27일에 다시 런던 하계 올림픽이 열렸습니다. 선수단은 370여

명이었고, 인천 국제공항을 통해 비행기로 10여 시간 만에 런던에 입성했습니다. 13개의 금메달을 비롯하여 28개의 메달을 획득하면서 종합 성적 5위에 올랐습니다. 다양한 매체가 경기를 실시간 중계하여, 바로바로 소식이 한국에 전해졌지요. 같은 런던에서의 올림픽이었지만, 64년이 지나면서 교통과 통신이 발전한 덕분입니다.

라쇼텐이라는 학자는 "길은 공간을 열어준다"[27]라고 말했습니다. 인간은 길을 통해 다른 공간으로 나아갑니다. 길은 인간을 다른 곳, 다른 삶, 다른 사람들과 연결해주는 역할을 합니다. 인간은 길을 도로로 만들고, 그 위에 교통시설을 올립니다. 그러면서 새로운 경관을 만들고 사람들의 삶에 변화를 가합니다.

도시는 도로망으로 연결되어 이곳저곳으로 쉽게 이동할 수 있습니다. 인구가 많은 도시일수록 더 많은 도로망이 형성되고, 도로망이 발달하면 인구가 밀집하여 새로운 도시가 만들어지기도 합니다. 그러다 보니 도로와 교통시설의 번영이나 쇠락에 따라 도시의 운명도 달라집니다. 걸어서 이동할 수 있는 길과는 다른, 길 위의 도로와 도로 위의 교통시설을 통해 인간은 새로운 공간과 사람을 만나면서 새로운 삶을 일굽니다.

통신은 직접 이동하지 않아도 다른 공간의 사람들을 연결해줍니다. 이전에는 동물을 이용하기도 하고 사람이 직접 움직이기도 했지요. 그러다 매체를 이용하고 통신이 발달하자, 인간은 더 가깝게 연결되었습니다. 통신 발달은 인간의 물리적 거리를 줄이는 역할을 해왔습니다.

이렇듯 교통과 통신은 자연환경을 극복하고 삶의 공간을 확장하는 역할을 합니다. 더불어 인간의 삶에 다양한 공적인 영역과 소통의 영역을 만들어주지요. 최근에는 교통과 통신이 급속하게 발전하면서 인간의 삶만이 아니라 자연 또한 변하고 있습니다.

도로와 철도의 발달이 바꾼 일상

경부고속도로가 준공된 것은 1970년 7월 7일입니다. 왕복 4차선 도로인 경부고속도로는 우리나라 산업화에 중요한 기둥 역할을 했습니다. 그리고 고속도로 주변으로 많은 도시들이 만들어졌습니다. 철도는 일제 강점기 때 들어왔는데 최근에는 KTX라는 초고속열차가 다니며 사람들의 생활공간에 많은 변화를 주었습니다. 고속도로 건설로 전국이 일일 생활권이 되었다면, 이제 KTX 덕분에 반나절 생활권이 되었습니다. 자연스레 우리의 생활도 달라졌지요.

익스트림 통근족

'익스트림 통근족'이라는 말을 들어본 적 있나요? 도심 외곽에 살면서 출퇴근에 3시간 이상 쓰는 사람들을 가리키는 말입니다. 이들은 자가용이나 출퇴근버스를 이용하기도 하고, 지하철을 타기도 합니다. 10여 년 전에 이미 익스트림 통근족이 50만 명을 넘었고 지금은 60만 명가량 될 것입니다.

이들은 대도시에서 일하지만 높은 집값, 익명성, 자녀교육 문제, 환경 등 다양한 이유로 외곽에 거주합니다. 그래서 이들의 교통시설 수요가 증가하고, 이에 따라 도심과 위성도시, 외곽 주거지를 잇는 도로나 교통시설이 확충되었지요.

최근에는 거주지에서 먼 대학에 진학한 학생들이 왕복 4시간 거리를

서울에서 부산, 30분 만에 이동한다?

우리나라의 고속철도의 최고 시속은 300km 정도이다. 그런데 이를 더 발전시켜 시속 400km 수준으로 무정차 운행을 하여 2시간 여 만에 서울-부산 이동을 가능하게 만들겠다는 발표가 있었다.[28] 기술이 더 발달하면 30분 이내에도 가능해질 것이라 한다.

메갈로폴리스로 연결되어 있는 미국 뉴욕에서 워싱턴D.C.까지 실제 거리는 400km로 서울에서 부산 정도의 거리다. 현재는 자동차로 4~5시간 정도, 고속철을 타도 2시간이 넘게 걸린다. 그런데 2017년 미국에서는 뉴욕-필라델피아-볼티모어-워싱턴D.C.를 연결하여 29분에 주파할 수 있는 '하이퍼루프'라는 총알 열차를 도입한다는 소식[29]이 전해졌다.

400km나 되는 거리를 29분 안에 가려면 시속 1,200km 이상 달려야 하니 놀라운 일이다. 상상 이상으로 발전하는 교통과 통신은 이동 시간을 줄여주고, 그만큼 경험할 수 있는 공간을 넓혀준다. 이런 발전 속도라면 우주에서의 생활도 영화에서만 가능한 일이 아닐 것이다.

당일로 왔다 갔다 하는 경우가 많습니다. 그래서 어떤 대학교는 아예 기차 한 칸을 빌려서 2시간짜리 강의를 개설하기도 하더군요. 이런 학생은 학교에 자주 왔다 갔다 하기 힘드니 1주일에 3일만 가도 되도록 시간표를 조정하기도 합니다.

이런 일들이 가능한 이유는 도로나 교통망이 잘 연계되면서 지역 간 이동이 편리해졌기 때문입니다. 앞으로 교통시설이 발달하고 도로망이 잘 연결될수록 서울 외에 다른 많은 도시에서도 이런 익스트림 통근 및 통학족이 증가할 것입니다.

빨대효과

음료수를 마실 때 컵을 입에 대고 마시면 조금씩 나누어 마시게 되는데, 빨대로 빨아들이면 바닥에 고인 음료수까지 한꺼번에 당겨서 입으로 들어오지요? 이것을 '빨대효과'라고 합니다. 빨대 구멍이 크면 더 쉽게 내용물을 한번에 빨아들일 수 있지요.

교통과 통신이 발달하여 반나절 생활권이 되자 인구 이동에서도 이와 같은 빨대효과가 나타났습니다. 과거에 접근성이 약했던 지역 사람들이 대도시로 쉽게 이동하게 되면서, 마치 한 호흡에 빨대로 빨려 올라가듯이 움직이게 된 것이지요. 그리고 사람들이 쉽게 이동하면서 이전에 없던 경제·사회·문화 문제가 나타나게 되었습니다.

서울에서 춘천으로 가는 ITX 청춘 열차가 생기자 서울 사람들은 전보다 춘천으로 쉽게 이동할 수 있게 되었습니다. 제일 먼저 곤란해진 사람들은 춘천 대학가의 원룸이나 하숙, 자취집 등 임대업을 하는 사람들이었습니다. 서울에 사는 학생은 1시간 30분이 채 안 되는 이동 시간과 비용 등을 고려할 때 학교 옆에 집을 구하기보다 서울에서 통학하는 편이 낫기 때문입니다. 심지어 학생들이 저녁까지 춘천에 남아 있지 않고 수업 후 바로 서울로 돌아가버려서, 대학가에서 임대업을 하는 사람들은 물론이고 주변 상가까지 타격을 받았습니다.

부산에서 서울로 이동하려면 5시간은 걸렸는데 KTX 개통 후에는 3시간 이내로 줄었습니다. 이제 부산 사람들은 쇼핑을 위해서, 병원에 가기 위해서, 여행을 하기 위해 서울로 옵니다. 서울 사람들은 쇼핑이나 병원

진료 때문에 부산에 가진 않겠지만, 여행 삼아서는 자주 갈 수 있겠지요.

교통이 발달하기 전, 사람들은 주로 주거지 근처에서 식사, 쇼핑, 병원 방문 등 일상적 일을 처리했습니다. 하지만 KTX 같은 교통시설 발달로 이동이 쉬워지고 통신의 발달로 예약 등이 가능해지면서 다른 도시권으로 이동하여 의료 등의 서비스를 받으려고 합니다. 이렇게 한 지역의 소비자가 다른 대도시권으로 빨려 들어가는 빨대효과는 소도시에서 일하는 상인을 경제적으로 힘들게 합니다. 심한 경우에는 그 지역의 상권이 붕괴하기도 하지요.

그렇다고 긍정적인 효과가 아예 없는 것은 아닙니다. KTX로 인해 가족은 서울에 두고 부산에서 일하는 사람들은 왕래하기가 편해졌지요. KTX 역사가 들어오면 새 역사를 중심으로 주거지나 상권이 변하기도 합니다.

이렇듯 교통과 통신의 발달은 인간의 심리적 거리에 변화를 주며, 지역 상권의 흥망을 결정짓기도 하고, 중심지도 바꿉니다. 이런 변화는 누군가에게는 편리함을 주지만, 누군가에게는 경제적 곤란을 주기도 하지요.

다양한 관광 상품 발달

과거에 비해 교통과 통신이 발달하고 이동이 쉬워지자 지역들은 다양한 상품을 개발하여 상권을 살리려는 노력을 합니다. 다양한 축제들이 생긴 것만 봐도 알 수 있지요.

이미 사라진 도로나 철길 등을 이용한 관광 상품을 개발하기도 합니다. 레일바이크 같은 것이 그 예지요. KTX 역을 기점으로 하루 동안 관광지를 연계하는 당일 관광 프로그램도 개발되었습니다. 그러다 보니 과거에 비해 여행 방식이 매우 다양해졌습니다.

순천시는 방학 기간에 철도로 여행하는 청소년을 위해 역사 근처에서 짐을 보관해주는 서비스를 무료로 제공합니다. 내일로 패스를 이용하여 싼값에 국내 배낭여행을 하는 청소년들이 무거운 짐은 맡겨놓고 마음껏 도시를 여행하게 하려는 전략입니다.

SNS를 통해 자기 지역의 관광 코스를 여행객에게 적극적으로 홍보하는 등 관광 자산을 홍보하는 활동도 활발해졌습니다. 지역마다 특성을 살려 여행객에게 편의를 제공하면서 교통과 통신의 발달을 관광산업에 적극 활용하는 모습이지요.

국내로 유입되는 외국 상품과 생명체들

비행기와 선박 교통도 발달하여 외국과 교류가 잦아졌습니다. 요즘엔 출장뿐 아니라 학업이나 여행 등 다양한 이유로 국경을 넘지요.

외국 여행이 쉬워지고 축제 정보도 쉽게 얻을 수 있으니 해외의 전통 지역 축제가 세계인들의 축제가 되기도 합니다. 스페인의 토마토 축제나 태국의 송크란 축제처럼 말이지요. 우리나라의 보령머드축제도 새로 생긴 축제지만 세계인이 함께 즐기고 있습니다.

외국 상품도 매우 쉽게 볼 수 있게 되었습니다. 인터넷을 이용한 직구도 활발해졌지요. 해외 직구가 가능해지자 소비자들은 국산품을 외국 사이트에서 구매하기도 합니다. 우리나라 전자회사가 만든 텔레비전을 미국의 세일 기간에 인터넷 직구를 통해 구입하면 국내에서 구입하는 것보다 싸기도 하니까요. 국경을 넘을 때 내는 관세가 붙더라도 말이죠. 그러니 해외 직구가 일상이 되면 국내 기업은 세계의 모든 기업을 경쟁자로 삼아야 할 겁니다. 소비자는 싼값에 물건을 살 수 있을 테고요.

매년 4월 13~15일에 열리는 태국의 송크란 축제. 축복을 기원하는 뜻으로 서로에게 물을 뿌리는 놀이가 유명하다. 우리나라 사람들도 태국을 여행하며 많이 찾고 있다.

물건뿐 아니라 동물도 국경을 넘어 들어오고 있습니다. 2017년 9월 부산항의 선박 컨테이너 야적장에서, 우리나라에서는 자생하지 않는 붉은독개미가 발견된 적이 있습니다. 붉은독개미는 사람에게 치명적인 악성 외래 침입종인데, 외국에서 온 컨테이너에 붙어 있었던 것입니다. 초기 방역에 실패하면서 전국적으로 확산될 가능성에 대하여 전문가들이 모여 대책을 논의하기도 했습니다. 이런 일은 앞으로 더 빈번해질 가능성이 큽니다.

선박을 이용한 국가 간 이동이 많아지면서 선박에 붙어서 또는 선박의 평형수 안에 들어갔던 바다 생물들이 국내 바다로 들어오면서 생태 교란 종 역할을 하는 경우도 있습니다. 이 문제를 해결하기 위해 최근에 '선박 평형수 관리 협약'을 만들어 다른 나라의 생물이 들어오지 못하도록 하고 있습니다.

교통과 통신의 발달은
다양성을 가져오는가, 획일성을 가져오는가?

교통과 통신의 발달로 교류는 점점 더 증가하고 있습니다. 역사적으로 볼 때에도 교류하지 않는 집단은 세력이 약화되는 반면 교류를 통해 다양성을 경험하고 다른 문화를 받아들인 집단은 발전해왔습니다.

그런데 앞에서 보았듯이 교통과 통신의 발달은 지역의 다양성을 증진시키기도 하지만, 특정 지역의 몰락이나 문화의 획일성을 가져오기도 합니다.

그렇다면 다양성을 유지하면서도 다른 지역과 공존하려면 어떻게 해야 할까요? 기본적으로 자기 지역이 가진 특성을 이용해 다른 지역과 교류하는 방법을 찾아야 할 것입니다.

'강경'이라는 도시를 예로 볼까요? 충남 지역에서는 일제 강점기까지 강경이 주요 도시였습니다. 서해안에서 배로 수많은 물자를 내륙까지 옮길 수 있어서 많은 사람들이 모여 들었기 때문입니다. 그래서 서해안의 해산물을 이용한 젓갈시장을 열어 젓갈 산지로 유명했습니다.

그러나 경부고속도로와 호남고속도로의 분기점이 대전이 되면서 충청 지역의 중심지가 대전으로 이동하였습니다. 최근에는 고속철도가 생겨서 천안아산 지역이 중요한 지역으로 떠오르고, 강경은 새로운 교통으로는 오히려 접근하기가 쉽지 않아졌습니다. 그런데 이런 강경이 자신들이 가진 문화적 자산인 젓갈을 이용해 젓갈 축제를 발전시켰습니다.

이처럼 지역 산물을 이용한 경제활성화 방법이 등장하자, 지역의 고유성을 강조하기 위한 '지리적 표시제'라는 것이 등장했습니다. 이는 어떤 상품의 품질이나 특성이 이 상품의 원산지에서 비롯되었음을 증명하는 것입니다. '보성 녹차' '횡성 한우' '단양 마늘' 등이 여기에 해당합니다. 이를 통해 지역에서 생산한 특산물의 품질을 보장할 뿐만 아니라 지역을 홍보하는 역할도 합니다.

일본을 여행하다 보면 특정 지역에서만 먹을 수 있는 먹거리가 있습니다. 특정 지역에서만 파는 선물용품도 있고요. 관심 있게 보아야 할 부분은 이런 먹거리나 선물용품을 다른 지역에서는 팔지 않는다는 것입니다. 그러다 보니 오직 그것을 먹거나 사기 위해 해당 지역으로 여행하는 사람들이 있습니다.

반면 우리나라는 어떤 지역의 명물을 해당 지역에서만 팔지 않죠. 천안의 명물인 호두과자를 전국 어디서나 살 수 있듯이 말입니다. 교통과 통신이 발달하면서 지역의 고유한 특성을 살려서 새로운 전통을 만들어내는 경우도 있고, 특유의 전통이나 생산물이 사라지고 비슷비슷해지는 경우도 있습니다.

교통과 통신의 유익함은 인간을 교류하게 해주는 것뿐만 아니라 다양성을 경험하게 해주는 것에도 있습니다.

과연 교통과 통신이 발달하더라도 각 지역이 다양성을 유지하면서 공존할 수 있을까요? 여러분이 조만간 만나게 될 더 발달한 교통과 통신은 여러분을 어떤 곳으로, 어떤 삶으로 이끌게 될까요?

제작 활동 '우리 지역 교통 변화의 역사' 포트폴리오 만들기

1. 지역의 역사관이나 인터넷 자료 등을 통해 우리 지역의 공간이 어떻게 변화했는지 자료를 찾아본다.
2. 지역의 기차역이나 버스터미널 등이 이동했던 과정을 찾아본다.
3. 우리 지역과 주변 지역 교통이 어떻게 연결되어 변화해왔는지 조사한다.
4. 우리 지역 내에서 최근 몰락한 지역과 부각되는 지역을 찾아서 그 이유를 교통 발달과 연관시켜 설명해본다.
5. 사진과 설명 자료 등을 모두 모아서 우리 지역의 교통 변화 역사 포트폴리오를 만든다.

조사 활동 우리 지역에서 나타난 빨대효과 찾아보기

1. 최근 우리 지역보다 큰 도시권으로 연결된 고속도로나 고속철의 개발 상황을 알아본다.
2. 최근에 개발된 고속도로나 고속철이 우리 지역에 미친 영향을, 긍정적인 측면과 부정적인 측면을 모두 고려하여 파악해본다.
3. 우리 지역에 나타난 빨대효과를 개선하기 위한 전략을 제안한다.

창작 활동 미래의 교통과 통신 시설 상상화 그려보기

1. 50년 후의 미래 교통과 통신의 변화상을 상상해본다.
2. 상상을 그림으로 그린다.
3. 상상한 그림에 맞춰 50년 후 나의 일기를 작성해본다.

4 정보화가 가져오는 생활의 변화

정보화, 컴퓨터와 인터넷, 지식정보사회, 사이버 범죄, 인터넷 기반 지리정보 시스템, 정보 격차, 온라인, 정보 감시와 통제, 빅데이터

아름다운 오로라, 그리고 눈과 얼음으로 뒤덮인 신비한 자연환경을 가진 아이슬란드. 이 나라는 2010년대 초반에 헌법 개정 과정 논의에서도 그들의 자연환경만큼이나 새롭고 신비로운 모습을 보여주었습니다. 헌법 개정의 전반적인 과정을 일반 국민이 주도하고 SNS를 활용하여 국민의 다양한 의견을 수용하는, 온라인을 통한 직접 민주주의를 실행한 것입니다.

배경은 이렇습니다. 2008년에 경제 위기로 국가부도 상황까지 갔던 아이슬란드는 정치 개혁을 위해 헌법을 수정하기로 결정했습니다. 그러면서 본래 의회에서 주도하던 헌법 개정 논의를 일반 국민이 주도하게 한 것이죠. 이것이 가능했던 데는 인터넷을 기반으로 하는 다양한 장치와 네트워크 연결이 있었습니다.

아이슬란드는 2010년 헌법 개정에서 최근 많이 이용하는 크라우드 펀딩◆ 방식을 이용했습니다. 크라우드 펀딩은 자금이 없는 사람이나 집단이 아이디어를 인터넷에 공개하여 다수의 투자를 받을 때 활용하는 방법입니다. 말 그대로 군중을 뜻하는 '크라우드'의 도움으로 아이디어에 불과했던 일을 실현하는 것이죠.

아이슬란드에서는 무작위로 선출된 시민들이 헌법심의회를 구성하여 의회 대신 개정안을 심사했습니다. 심의회는 심의 내용을 인터넷으로 국민들에게 알리고, 국민이 온라인으로 의견을 제출하면 이를 다시 반영했습니다. 크라우드 펀딩으로 투자금을 모으듯이 여러 사람들의 의견을 모은 것입니다.

개헌안은 2012년에 국민투표를 통해 가결되어, 아이슬란드는 새 헌법을 가지게 되었습니다. 이 일에 대하여 《뉴욕타임스》는 "아이슬란드가 집단지성을 통해 최초로 개헌을 시도했다"라고 논평했습니다. 집단지성은 여러 사람들이 모여 의견을 내고 조정하고 결정함으로써 얻은 지적 능력을 말합니다.

오늘날 대부분의 나라는 의원이라는 전문적인 정치 대리인을 뽑아서 정치를 하게 하는 대의 민주주의 과정을 채택하고 있습니다. 그런데 아이슬란드는 일반 시민이 참여하여 각자 의견을 내고 그 의견을 모아서 헌법 개정안을 만들어냄으로써 직접 민주주의 방식을 인터넷으로 구현한 것입니다. 이런 일을 가능하게 한 것은 무엇일까요?

◆ 크라우드 펀딩 어떤 일에 자금이 필요할 때 온라인 플랫폼을 통해 해당 일을 소개하고, 그것에 동조하는 다수의 대중으로부터 조금씩 돈을 모아 자금을 마련하는 방식을 말한다.

지식정보사회, 부가 이동하다

산업화는 초기에는 증기와 석탄, 그 후에는 석유 에너지와 에너지 기관의 발달에 힘입어 이루어졌습니다. 이를 통한 공장제 대량생산이 산업화의 핵심이라고 했지요. 이와 달리 정보화는 정보 통신 네트워크를 기반으로 만들어지는 지식과 정보가 핵심입니다.

제2차 세계대전 중 영국의 국방부는 암호 해독을 위해 자동 계산기를 개발했고, 1950년대에 미국 국방부는 군사적 목적을 위해 내부 정보 연결망을 구축하는 인트라넷 기술을 개발했습니다. 이런 기술을 바탕으로 개인 컴퓨터와 인터넷이 상용화되었고, 과거와 달리 손쉽게 정보와 지식을 접하고 생산하고 소비할 수 있게 되었지요. 그러자 경제·정치 및 사회·문화적 활동 전반에 새로운 변화가 나타납니다. 이를 정보화라고 합니다.

산업화를 바탕으로 하는 산업사회와 달리, 정보화를 바탕으로 하는 지식정보사회에서는 정보와 지식, 연구 개발, 미디어, 정보 기기, 정보 서비스 등이 생산에서 중요한 역할을 합니다. 이 덕분에 컴퓨터와 인터넷 등을 통해 쉽게 정보를 얻고 자신의 의견을 지식으로 전환할 수 있는 사회가 되었지요. 아이슬란드가 헌법 개정에 온라인을 기반으로 하는 직접 민주주의 방식을 채택할 수 있었던 것도, 지식정보사회 덕분입니다.

산업사회에서는 자본이 부를 쌓는 데 중요한 역할을 했지만, 지식정보사회에서는 정보와 지식, 그리고 컴퓨터와 인터넷 기술이 부를 쌓는 데 중요한 역할을 합니다. 《포브스》라는 잡지는 매년 세계 부자들을 발표하는데, 2017년에 10위 안에 든 사람들을 보면 지식과 정보가 산업에서 얼마나 중요해졌는지를 알 수 있습니다.

세계 부자 1위는 미국 마이크로소프트 사의 빌 게이츠, 2위는 미국의 투자자 워런 버핏, 3위가 미국 아마존닷컴의 제프 베조스, 5위는 미국 페이스북의 마크 저커버그, 6위는 멕시코 최대 통신 회사의 카를로스 슬림 엘루, 7위는 미국 오라클의 래리 앨리슨입니다. 2위인 워런 버핏을 제외하고는 전부 지식정보 관련 회사의 대표입니다. 10위 안에 든 나머지 사람들 중 제조업자는 4위에 꼽힌 패션 브랜드 자라(Zara)의 설립자이자 스페인의 의류사업가 아만시오 오르테가뿐입니다.

세계 부자 순위만 봐도, 우리가 산업화시대를 넘어 지식정보사회의 한가운데에 서 있음을 알 수 있습니다.

좀 더 쉽고 편하게 경제생활을 즐기다

정보화는 세계적 부자 순위만 바꾸어놓은 것이 아닙니다. 우리 같은 평범한 소비자의 삶도 바꾸었죠. 언젠가부터 인터넷을 통한 온라인 구매가 늘다가 최근에는 스마트폰을 이용한 모바일 쇼핑이 새로운 소비지로 각광받고 있습니다. 지하철 역사의 한쪽 벽에 광고처럼 붙어 있는 가상의 몰에서 상품을 선택하고 스마트폰을 연결하여 바로 결제할 수도 있습니다. 인터넷으로 물건을 구매하면 다른 사람의 상품평을 읽고 선택할 수 있다는 점에서, 앞서 아이슬란드 헌법 개정에서 보았던 집단지성의 힘을 활용할 수도 있지요.

인터넷으로 물건을 구매하는 소비가 늘어나다 보니 동전을 비롯한 화폐가 무의미해지기도 합니다. 우리나라도 최근에 동전을 없애자는 논의

현금 없는 사회가 가능할까?

최근 직장인이나 대학생들은 자신의 신분을 알려주는 ID 카드와 함께 신용 카드 한 장만으로도 일상생활에 큰 어려움을 겪지 않고 지낼 수 있다. 신분증으로 자신을 확인하고, 돈을 사용해야 하는 경우에는 카드로 결제가 가능하기 때문이다. 이보다 더 나아가 휴대전화에 신용카드를 담거나 각종 '페이(pay)'로 불리는 모바일 간편결제 서비스를 이용하면 신용카드조차 들고 다닐 필요가 없는 경우도 있다.

그렇다면 현금 없이 사는 것이 정말로 가능할까? 북유럽의 스웨덴을 비롯한 몇몇 나라들에서는 상점에 아예 '현금을 받지 않는다'는 표기를 하는 곳도 있다. 이들 국가의 경우 현금을 사용하지 않는 결제가 80%를 넘어섰다.[30]

이제 동전이나 지폐와 같은 실물화폐에서 전자화폐로의 전환은 당연시되고 있다. 전자화폐의 대표적 모습인 신용카드(credit card)이다. 현대식 신용카드는 1950년 미국에서 처음 만들어졌다. 우리나라의 경우는 1967년 백화점 카드 형태로 나왔으며, 은행계 카드로는 1978년부터 발행되었다. 그리고 2000년대 들어 스마트폰이 나오면서 모바일 결제 시스템이 도입되어 현재에 이르고 있다.[31]

전자화폐 사용이 지속적으로 증가하면 결국 정부는 실물화폐의 관리 비용을 고려하여 실물화폐 사용을 완전히 폐지하는 정책을 내릴 가능성이 크지 않을까?

가 있었는데, 몇몇 국가에서는 아예 화폐 자체를 사용하지 않는 사회의 가능성을 타진하기도 합니다. 앱을 이용한 전자결제와 전자화폐만으로도 경제 행위를 충분히 할 수 있기 때문입니다. 국가로서는 화폐를 발행하고 관리하는 비용을 줄일 수 있고, 개인은 스마트폰으로 모든 경제활동을 할 수 있으니 편리하겠지요.

온라인 활동만으로 돈을 버는 직업들도 많아졌습니다. 일부 서비스직은 재택근무도 가능해서 집에서 일을 하고, 쇼핑몰도 모바일 등을 활용한 온라인 쇼핑몰이 강세입니다. 유튜브 등에 동영상을 올려서 조회 수에 따라 광고수익을 얻는 일을 직업으로 삼은 사람도 있습니다. 인터넷 기반 양방향성 방송을 통해 돈을 버는 인터넷 비제이(BJ)들도 늘고 있고요.

서비스의 방식도 달라졌습니다. 다국적 기업은 온라인을 통해 다른 나라에서 서비스를 지원하기도 합니다. 예를 들어 내가 미국에 모기업을 둔 어떤 회사의 상품을 구매하려고 인터넷으로 상담을 요청하면 인도 등 다른 나라의 서비스 담당자와 연결됩니다. 문의사항을 한국말로 입력해도 바로 현지어로 번역되어 담당자에게 전달되고, 답변 역시 한국어로 번역되어 나에게 돌아옵니다. 해외 직구로 물건을 사는 것만큼이나 관련 서비스도 편리해진 것입니다. 경제적으로 우리 모두는 네트워크화되어 있는 셈입니다.

물리적 거리를 넘어 서로 동등한 관계로

정보화로 인한 가장 큰 변화는 무엇보다 인간관계의 변화입니다. 정보화는 인터넷 기반의 가상공간을 인간에게 제공했습니다. 이곳에서는 현실세계와 유사하게 다양한 논의가 이루어집니다. 모임에 나와 사람들이 이런 얘기 저런 얘기 나누듯이, 온라인에서도 온갖 이야기를 나눌 수 있습니다. 그러면서도 익명성이 보장되지요.

사실 누군가와 직접 접촉하면 상대방이 남자인지 여자인지, 연령은 어느 정도이고 직업과 직위는 무엇이며, 옷은 무엇을 입고 차는 무엇을 타는지, 사는 동네는 어디인지 등 사회 계층적 정보를 얻습니다. 그래서 상대방의 사회적 지위를 고려하여 나와의 관계를 설정하고, 그의 의견이 갖는 중요도도 결정하지요. 이렇게 되면 평등한 관계를 형성하기도, 동등하게 정보를 교환하기도 어려워집니다.

하지만 인터넷의 가상공간에서는 누구나 자신이 가진 정보나 지식을 교환할 수 있어서 평등한 관계를 누립니다. 인터넷 게임을 할 때 연령이나 성별에 관계없이 함께하는 것이 가능한 것도 이러한 특징 때문입니다.

인터넷에서는 사회적 위치를 벗어나서 비슷한 경험을 나누며 서로에게 조언을 해주기도 하면서 비대면적인 인간관계를 맺기도 합니다. 전문가가 아닐지라도 블로그 등에 개인의 전문적 의견을 제시할 수도 있어서, 본래 직업과 무관하게 특정 분야의 덕후가 양성되기도 합니다. 사회적 지위와 상관없이 전문가가 되고, 인터넷을 기반으로 한 전문가들이 사회적 주도권을 쥘 수도 있게 되었습니다. 이를 통해 물리적 거리를 뛰어넘어서 다른 사람들에게 큰 영향을 미칠 수도 있습니다.

세계 어느 곳이든 손 안에서 만나다

영화 〈라이언〉은 오스트레일리아로 입양된 한 인도 소년이 25년 만에 자신의 고국인 인도에서 엄마를 찾는 것이 줄거리입니다. 그런데 그가 엄마를 찾는 데 결정적 역할을 하는 것이 바로 '구글어스'라는 인터넷 위성 사진 지도입니다. 주인공인 '사루'는 5살 무렵에 인도의 어느 역에서 우연한 사건으로 가족과 떨어져 콜카타로 왔다가 미아가 되어 오스트레일리아의 한 가정에 입양되었습니다. 그리고 성인이 되어 구글어스를 알게 되자, 이를 통해 기억 속에 있는 고향과 비슷한 곳을 찾아보기로 합니다. 콜카타까지 기차로 14시간이 걸렸던 일을 기억해내서 콜카타에서 1,200km 떨어진 곳을 고향으로 보고, 해당되는 지역을 구글어스로 검색하다가 기억 속에 있던 고향의 폭포를 발견하며 엄마 찾기의 단서를 찾습니다.

인터넷을 통해 모두가 이 영화 주인공처럼 극적인 경험을 하는 건 아니지만, 확실히 정보화는 인간이 공간을 이용하는 방식도 변화시켰습니다. 지리정보시스템◆(GIS, Geographic Information System)이 인터넷과 연결되면서 누구나 공간 정보를 쉽게 파악할 수 있게 되었습니다. 직접 자신의 눈으로 위치를 파악해야 했던 과거에는, 장사를 하려면 큰 도로변에 점포를 둬야 손님을 모으기가 쉬웠습니다. 그러나 최근에는 다소 외딴 곳에 음식점을 열어도 맛만 좋으면 인터넷에서 보고 온 사람들로 붐비며, 이면도로의 2층에 식당을 내도 손님이 줄을 서지요.

공간을 찾아내는 것도 편해졌지만, 어디든 찾아갈 때 내비게이션이 최적 경로를 찾아주고 도착 시간도 알려줍니다. 약속 장소로 언제 출발할지 이동 시간 계산도 가능해진 겁니다. 대중교통도 마찬가지입니다. 시내버스를 하염없이 기다릴 필요 없이 교통정보를 통해 내가 탈 버스가 언제 오는지 바로 알 수 있습니다.

모든 공간으로의 접근성이 내 손 안에 들어와 있는 세상을 우리는 살고 있습니다.

◆ 지리정보시스템 지도와 지리 정보를 컴퓨터를 이용해 작성 및 관리하고, 이 정보를 기초로 데이터를 분석·가공하여 지형과 관련된 모든 분야에 적용하기 위한 종합정보 시스템을 말한다.

우리 삶을 위협하는 정보화의 문제들

산업화가 시작되었을 때, 일부 사회학자들은 과학기술의 발달이 인간의 삶을 풍요롭게 해줄 것이라고 예측했습니다. 이 예측은 일부 맞았지만, 한편으로는 빈부격차라는 불평등과 환경오염이라는 새로운 위협을 만들었습니다. 정보화 또한 우리 삶에 이득을 주는 한편, 새로운 격차와 위협을 가져왔습니다.

정보격차

정보와 지식이 생산 기반이 된 사회에서 이에 접근하기 어려운 계층과 그렇지 않은 계층 사이에는 격차가 생길 수밖에 없습니다. 정보나 지식에 대한 접근성은 정보 생산과 소비 등에서 문제가 됩니다. 예를 들어 인터넷 기반으로만 헌법 개정이나 주요 정책을 논의할 경우에 노인이나 경제적인 하층민 등 인터넷 접근에 약한 집단이 제 목소리를 내기 어렵겠지요. 집단지성에 이들의 의견이 아예 반영이 안 될 수 있는 것입니다.

경제활동에서도 마찬가지입니다. 앱을 사용하여 좀 더 싸게 물건을 사는 사람이 있는가 하면 그렇게 하지 못하는 사람이 있어서, 이들 간에 경제적 격차를 만듭니다. 사소한 것 같지만 이런 작은 행동들이 모여 엄청난 경제적 이익 격차를 만들 것입니다.

인터넷 접근 자체를 구조적으로 차단당하는 경우에는 사회적 성공 가능성이 월등히 낮아지겠지요. 결국 정보와 지식에 대한 접근의 불평등이 부의 불평등으로 나타나는 것입니다.

2015년 어느 학생이 대학에 합격했습니다. 그런데 SNS를 통해 알고 지내던 친구가 그 학생의 개인정보를 이용하여 대학 입학을 취소한 사건이 일어났습니다. 자신은 대학에 떨어졌는데 온라인으로 만난 친구가 합격했다며 자랑을 하자 질투심 때문에 저지른 사이버 범죄 행위입니다.

오늘날 대다수 현대인이 온라인에 개인정보를 입력한 채 살아가는데, 그로 인해 사이버 범죄에 노출됩니다. 수많은 CCTV와 다른 사람 손에 쥐어진 스마트폰을 보고 있노라면, 마치 낮잠 자는 내 방 창을 누군가 지나다가 열어볼 것만 같은 불안한 감정이 듭니다.

익명성 뒤에 숨어서 개인의 명예를 훼손하는 가짜 뉴스를 생성하여 퍼뜨리기도 하고, 악성 댓글을 달기도 하며, 특정 집단을 혐오하는 발언을 하는 사이트를 만들기도 하고, 불법으로 타인의 사생활이 담긴 동영상을 올리기도 합니다. 말할 것도 없이 전부 불법행위입니다.

인터넷 공간에서의 불법행위는 범죄자가 남긴 전자정보를 활용한 디지털 포렌식(digital forensics) 기법을 동원하여 해결합니다. 범죄자가 인터넷에 남긴 개인 기록은 오프라인에서 범죄자가 현장에 남긴 지문 같은 것이라서 추적이 가능하기 때문입니다. 그러나 모든 범죄자를 다 잡을 수는 없기에 불안함을 완전히 해소하긴 어렵습니다.

가상공간에 의존성이 높아지면 개인적 측면에서 어려움을 겪기도 합니다. 정보를 쉽게 검색할 수 있게 되니 도리어 중요한 정보조차 잘 기억하지 못하는 경우가 있는데, 이를 '디지털 치매'라고 합니다. 최근에 누구에게나 흔한 현상입니다. '스몸비' 현상이라는 것도 있습니다. 스마트폰과 좀비의 합성어로 길거리에서마저 스마트폰 화면을 보면서 걷는 탓에 사고를 당하거나 다른 사람을 위험에 빠뜨리기도 합니다.

　가상공간에 빠져서 오랜 시간 게임만 하며 인간관계를 외면하거나 일상생활을 거부하는 경우도 있습니다. 가상현실을 현실로 착각하는 경우도 문제입니다. 10대들의 경우 온라인에서 '19세 제한' 성 관련 묘사를 보고 이를 현실과 착각하여 문제가 되기도 합니다. 오로지 자극적인 것만 모아놓은 가상공간을 현실과 혼동하면, 일상의 소소한 즐거움과 행복을 누리는 데 장애가 됩니다.

　또한 게임에서 경험한 공격성을 현실에 그대로 드러내서 범죄로 이어지기도 합니다. 최근 인터넷 비제이 활동이나 유튜브 등 인터넷 기반 동영상 제작이 인기를 누리고 돈을 벌 수 있게 되자, 자극적인 언어를 사용하거나 비도덕적인 내용으로 영상을 만들어서 문제가 되기도 합니다.

　가상공간일지라도 행위자는 우리 개개인이고, 그 안에서 행하는 언행, 행동, 의사결정, 판단 등은 모두 인간인 내가 하는 것입니다. 우리는 가상공간에서의 삶을 위해 살아가는 것이 아니라 일상에서의 삶을 위해 가상공간을 이용할 뿐입니다. 어디서나 인간으로서의 품위를 스스로 지킬 필요가 있습니다.

정보 통제와 감시

　인터넷 검색을 하다 보면 조금 전에 내가 살펴본 물건 광고가 새 창에 뜨는 경험을 합니다. 이럴 때면 마음이 찜찜해집니다. "당신이 한 일을 모두 알고 있습니다"라고 나에게 경고하는 느낌이 들기 때문입니다. 이렇게

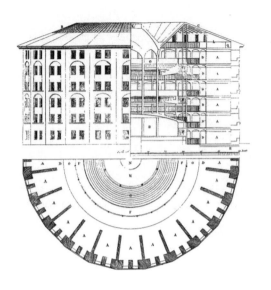

벤담이 제안한 파놉티콘의 모습. 정보화 시대의 통제와 감시에 대한 비유로 많이 쓰이곤 한다.

인터넷에서의 나를 누군가가 항상 지켜보고 있는 것 같아서, 인터넷 가상공간이 파놉티콘 같기도 하고 시놉티콘 같기도 합니다.

파놉티콘(Panonpticon)은 '모두를 본다'는 의미를 담은 말로, 벤담이 제안한 가상의 감옥 형태를 가리킵니다. 파놉티콘은 중앙에 높이 솟은 감시탑을 두고 감시탑 아래에 원형으로 방을 만들어놓아서, 감시자가 혼자일지라도 감시탑에서 모든 방을 관찰하고 그 안의 사람들이 무엇을 하는지 파악할 수 있는 구조입니다. 최근에 빅데이터로 사람들의 욕구를 파악하고 현상을 예측하는 것을 보면 빅데이터를 모을 수 있거나 가진 집단 혹은 권력 집단이 개개인의 모든 것을 감시하는 것이 가능해질 것 같아서 걱정이 됩니다.

시놉티콘(Synopticon)은 '동시에 본다'라는 의미를 담은 말로 콜로세움 같은 형태를 가리킵니다. 콜로세움에서는 관중석에 앉아 있는 다수가 경기장에 있는 소수를 동시에 볼 수 있어서, 다수가 소수를 감시할 수 있는 구조입니다. 경기장 내에 있는 그들이 일반인이든 정치인이든 상관없습니다. 오늘날 무슨 사건이 터지면 인터넷 사용자들이 일제히 CSI 요원처럼 달려들어 개인의 신상정보를 캐내서 유포하는 것도 바로 시놉티콘의 결과입니다.

때로는 긍정적으로 사용되어 누군가의 영웅적인 행동을 재조명하지만, 대부분은 마녀사냥이 되어버려 한 인간의 삶을 뿌리째 흔들기도 합니다.

인터넷으로 만들어진 가상공간에서는, 그 구조가 파놉티콘이건 시놉티콘이건, 누구도 통제와 감시의 눈길에서 벗어나기 어렵습니다. 우리는 수많은 소설과 영화가 그려내는 어두운 미래로 가고 있는 걸까요? 아니라면 이는 그저 과학기술을 제대로 이해하지 못하는 인간의 막연한 공포일까요?

창작 활동 인터넷 공간에서 나만의 '덕후질' 해보기

1. 덕후질을 할 주제를 찾는다.

2. 인터넷에서 해당 주제와 관련된 사이트를 참고하고 다른 사이트에서 찾을 수 없는 나만의 정보를 어떻게 구성하여 제공할지 아이디어를 낸다.

3. 저작권법과 타인의 사생활 보호를 고려하면서 나만의 덕후질을 위한 블로그를 만든다.

조사 활동 최근에 일어난 가상공간 범죄 기사로 포트폴리오 만들기

1. 인터넷에서 가상공간 범죄를 5개 정도 찾아본다.

2. 내 마음대로 순위를 정하고, 그 사건에 대하여 자세히 설명한다.

3. 5가지 사건의 공통점을 정리하고, 재발 방지를 위한 아이디어를 내어 포트폴리오로 구성한다.

논술 활동 내가 정보화 사회에 살고 있다는 근거 10개 제시하기

1. 나의 하루를 돌아보면서 내가 정보화 사회에 살고 있다는 근거를 10개 찾아본다.

2. 찾아본 각각의 상황을 고려하여 만약 현재 정보화가 되지 않았다면 나는 어떤 삶을 살고 있을지도 예측해본다.

3. 정보화가 더 진전되면 앞으로 나의 삶이 어떻게 변할지 생각해본다.

4. 위의 내용을 하나의 보고서로 정리한다.

난장이가 쏘아올린 작은 공

문학	미술	영화	뮤지컬
V			

조세희가 1978년에 단행본으로 출간한 연작소설 작품이다. 12편의 단편소설이 수록되어 있는데 이야기가 하나로 연결되어 있다고 볼 수 있다. 표제는 12편 중 한 단편작품의 제목이다. 1981년에 동명의 영화가 만들어지기도 했다.

줄거리

주인공은 농촌에서 이주해 도시화된 서울의 판자촌에서 살아가는 일용직 노동자로 난장이다. 살던 곳이 강제철거를 당해서 가족이 살 곳이 없어졌는데, 그 상황에서 가족들의 대처 방식들을 그리고 있다. 아버지이자 주인공인 난장이는 결국은 추락사한다.

이 작품은 난장이 가족의 이야기를 통해 1960년대부터 시작된 우리나라 산업화의 다양한 공간을 그려내고 있다. 도시의 무분별한 확대와 그로 인해 나타나는 다양한 사회문제, 즉 노동자의 열악한 삶, 도시와 농촌의 경제적 불평등, 노동자와 자본가의 대립 등 한국 사회가 안고 있는 문제들을 제시한다.

출간된 지 40여 년이 지난 지금 다시 이 작품을 읽어보면 '당시의 사회구조적 문제가 지금 이 시대에는 해결이 된 걸까?' 하는 생각을 해보게 된다.

🔖 주제 던지기

많은 사람들이 대도시에 모여 살고 있고, 대도시로 이동하기를 원한다. 대도시에서의 삶과 관련하여 두 가지 주장을 할 수 있다.

주장 ① 대도시는 편리함에 최적화된 공간이다.

왜냐하면 대도시는 역사 발전에 따라 인간의 삶에 적합한 공간으로 변화되어 왔으며, 한 공간 안에 다양한 기능이 고도로 집적되어 있어 그 자체로 독자적인 기능이 가능하기 때문이다. 대도시가 형성되면서 상하수도, 교통망 등을 갖추었고, 이는 인간의 수명 연장에도 공헌하였다. 또한 대도시는 인간에게 더 나은 문화적 삶을 제공했다.

대도시는 인간의 삶을 위한 최적의 공간이다. 앞으로도 이렇게 발전하면서 제 역할을 할 것이다.

주장 ② 대도시는 인간이 경험하는 온갖 문제를 일으키는 공간이다.

왜냐하면 대도시는 경제적 활동 변화로 인해 만들어진 공간으로서, 급격하게 형성되는 과정에서 다양한 문제를 발생시키기 때문이다. 수직·수평적으로 팽창하는 대도시에서는 환경오염, 빈부격차뿐 아니라 익명성 등으로 수많은 범죄가 일어나고 있다.

대도시는 인간의 삶을 힘들게 하는 치명적인 존재이다. 대도시가 발전하면 할수록 인간에게는 더 많은 문제들이 생길 것이다.

🔖 토론 주제

대도시는 인간생활과 행복에 적합한 공간인가?

4장

인간의 존엄성을
지키기 위한
다양한 노력들

✳ 인권과 헌법 그리고 삶

인권에 대해 배우는 것 자체가 권리다.
무지를 강요하는 것, 내버려두는 것은 인권침해다.
—유엔 성명서 〈인권, 새로운 약속〉 중에서

1 인권이 성장해온 과정

!(?) 인권, 시민혁명, 1세대 인권, 2세대 인권, 3세대 인권,
세계인권선언, 인권감수성

2015년 겨울, 야외에서 열린 한 행사에서 어린이합창단이 합창을 하기로 했습니다. 영하로 내려간 추운 날씨였는데 얇은 합창단복을 입은 어린이들이 90분 이상 추위에 떨어야 했습니다. 여러분은 이런 상황에 대해 어떤 생각이 드나요?

"아이들이 추운데 고생을 했구나"라는 정도로 생각하고 마는 경우도 있을 것입니다. 그런데 몇몇 인권단체들은 이 일이 아동을 학대한 인권침해 사건이라고 문제 제기를 하였습니다. 그 자리에 참석한 다수의 행사 관계자 등 어른들은 겨울 코트를 입었고 어린이들은 얇은 단복을 입은 채였는데도 아무도 어린이들의 고통에 신경 쓰지 않았으므로 이는 아동 보호라는 중요한 인권 가치를 고려하지 않은 인권 문제라는 것입니다.

이처럼 일상의 여러 가지 상황에 등장하는 인권은 언제부터 논의되었

을까요? 우리가 누려야 하는 인권은 어떤 것일까요?

인권, 인권침해란?

어떤 교사가 수업을 하다가 엎드려 자는 학생에게 "수업 시간에 자지 말고 수업을 들어라"라고 했더니 학생이 "선생님은 제 인권을 침해하신 거예요"라고 항의를 하더랍니다. 그 선생님은 "이런 경우도 인권침해예요?"라고 물어보시더군요. 여러분은 어떻게 생각하세요? 수업 시간에 잠을 깨우는 선생님의 행위가 인권침해일까요?

일단 인권이 무엇인지부터 알아야겠지요. 인권은 인간의 권리, 인간으로서 살아가기 위해 필요한 권리, 인간이 존엄한 삶을 살아가기 위해 누려야 하는 권리입니다.

인간이 존엄하다는 것은, 인간이란 그 자체로 가치 있는 존재이며 그에 대하여 다른 사람들로부터 인정받는다는 뜻입니다. 이 말은 "당신이라는 한 인간의 존엄함이 다른 사람들의 인정에 의해 결정되는 것이 아니라 이미 당신이 인간으로 존재하는 그 자체로 존엄하고 이를 다른 사람이 인정해야 한다"는 뜻이고요.

인간이 존재 자체로 존엄하기 위해 누려야 할 권리라는 측면에서 인권은 인간다운 삶을 위한 기본적인 권리입니다. 또한 누구에게는 주어지고 누구에게는 없는 것이 아니라, 모두에게 주어진다는 점에서 보편적인 권리입니다. 현실 사회에서 인권을 누리지 못하는 사람들이 있으니, 우리는 사회적 약자의 권리를 더 많이 생각해야 하고요.

인권침해는 어떤 경우에 일어날까요? 인권침해는 나의 존엄함이 침해당하는 것인데, 보통 타인 혹은 국가 공권력에 의해 일어납니다. 예를 들어 길을 가는데 누군가가 나에게 입에 담지 못할 욕을 하고 나를 때린다면 그 순간 타인으로 인해 나의 존엄함이 침해당한 것입니다.

일상에서 일어나는 개인 간의 사소한 인권침해는 대개 대화를 통해 해결할 수 있습니다. 물론 애초에 내 행동이 다른 사람의 권리를 침해하지는 않는지 생각하며 행동하면 좋을 테지요.

그런데 타인에게 매우 심각한 인권침해를 당했다고 판단되면 어떻게 해야 할까요? 개인 간의 문제라도 국가가 개입하여 해결할 책임이 있으므로, 국가에 해결을 요청해야 합니다. 학교에서 어떤 학생이 왕따를 당했다고 합시다. 왕따는 학생 개인과 개인의 문제지만, 이를 학교폭력 문제로보고 학교가 국가를 대신하여 시시비비를 가리고 가해자를 처벌합니다. 국가 대신에 학교가 공권력을 사용하여 인권침해를 해결하는 것입니다.

이렇게 보면 인권의 핵심은 공권력을 가진 국가와 한 개인의 관계를 중요하게 생각한다는 점입니다. 실제로 개인 간 인권침해의 상당 부분도 법제도 또는 인권 관련 국가 기관에 의해 해결되는 경우가 많습니다.

또한 국가의 공권력이 개인의 인권을 침해하는 경우도 있습니다. 예를 들어 길을 가는데 아무 이유도 없이 경찰이 다가와서 내가 이상한 사람으로 보인다며 신분 확인 후에 길을 가게 해주겠다고 하는 경우를 봅시다. 경찰이라는 공권력이 나의 이동의 자유를 침해한 것입니다. 이런 인권침해는 사회적으로 문제가 되기에 제도 개선을 해야 합니다.

자, 이제 인권과 인권침해의 의미를 이해했나요? 그렇다면 수업 시간에잠을 깨우는 선생님 이야기로 돌아가봅시다. 선생님은 인권침해를 한 것일까요? 답은 '아니오'입니다. '선생님과 나' 또는 '선생님으로 대표되는 학교라는 공공기관과 나'라는 관계는 인권을 고려할 수 있는 관계입니다. 그러나 선생님이 나를 깨우는 것은 수업이 목적인 학교에서 나를 수업에 참여시키기 위해 한 행동입니다. 수업 시간은 잠을 자기 위해서가 아니라 공부하기 위해서 있는 시간이니까요.

이렇게 인권침해인지 아닌지를 정확하게 판단하기 위해서는 우선 사람들이 갖는 다양한 권리를 명확하게 알아야겠지요. 역사 속의 인권을 살펴보면서 우리가 가진 권리가 무엇인지를 함께 살펴볼까요?

1948년 12월 10일, 전 세계에 인권을 선포하다

1948년 12월 10일은 모든 인류가 존엄함을 선포한 '세계인권선언의 날'입니다. 제2차 세계대전이 끝나자 유엔은 전쟁 중에 수많은 사람이 비참하게 죽어간 사실, 전쟁 후에도 인간의 소중함을 인식하지 않는 현실에 대해 세계가 함께 논의할 필요가 있음을 느꼈습니다. 그래서 인권이 전 인류에게 적용되는 보편적인 가치라고 선언한 것이 바로 〈세계인권선언〉입니다.

1946년 유엔에서는 미국 대표로 영부인이었던 엘리너 루스벨트, 중국 대표 피시 창 등 여러 나라 대표가 참여하여 인권선언 초안 위원회를 만들었습니다. 이 위원회에서 처음에 만든 선언문의 명칭은 〈국제인권선언(International Declaration of Human Rights)〉이었는데, '국제'라는 표현에는 '국가 간'이라는 의미가 커서 식민지 등 독자적인 국가를 이루지 못한 지역민들의 인권은 담보하기 어렵다는 문제가 있었습니다. 그래서 누군가가 보편적 의미의 'universal'이라는 표현을 제안하여 〈세계인권선언(Universal Declaration of Human Rights)〉이 되었습니다.[32]

1948년 12월 10일 유엔총회에서 이 선언을 표결에 부쳤는데 회원국 56개국 중 8개국이 기권하고, 나머지 전원 찬성으로 채택되었습니다. 그나마 기권표는 공산주의 국가나 특정 종교를 국교로 삼은 몇몇 나라 입장에서는 찬성표를 던질 수 없었고 그렇다고 반대하기도 어려워서 내린 결정이었습니다.

1948년에 선포한 〈세계인권선언〉은 강제력이 없는 '선언'입니다. 하지만 유엔은 지속적인 논의를 통해 인권과 관련한 다양한 조약이나 협약을 만들고 여러 나라가 비준하면서 인권에 대한 논의를 축적해왔습니다. 인간의 존엄함, 거기에 필요한 삶의 조건들을 제시하면서 인권 실천을 위해 노력해온 것입니다.

인권은 서유럽 역사의 산물일까?

1948년 〈세계인권선언〉은 모든 인류가 가진 보편적인 인권을 선포하였지만, 사실 우리 역사에서 인권이라는 개념은 조금 낯선 이야기입니다. 인권은 서유럽 시민혁명의 역사에서 많이 논의하는 개념이지요. 서유럽에서 일어난 시민혁명은 국가 또는 왕의 권력에 대항하여 시민의 권리를 주장한 사건이고, 그 과정에서 만든 다양한 문서에서 인간 존엄성과 인권에 대하여 이야기하기 때문입니다.

우선 영국의 〈대헌장〉부터 살펴보지요. 대헌장은 영국 존 왕의 왕권이 약화되자 신하들이 자신들의 권리를 주장한 문서입니다. 왕은 하늘이 낸 존재고 왕권은 무제한적 권력이라고 여기다가, 왕이 아닌 다른 집단이 왕권을 제한하고 자신들에게도 권리가 있음을 선언한 문서로서 의미가 있습니다.

그러나 인간 존엄성, 인권과 관련하여 더 관심을 가져야 하는 것은 미국의 〈버지니아 권리장전〉과 〈독립선언문〉입니다. 이 당시 미국은 유럽에서 온 이주민들의 거주지였고, 영국을 비롯한 몇몇 나라의 식민지였습니다. 그런데 유럽의 상황이 바뀌어 식민지에 대한 지배권이 약해지던 중에 영국만이 미국 식민지에 강한 제재를 가했습니다. 대표적인 것이 엄청난 세금 부과입니다. 그러자 미국 식민지 주민들은 "대표 없이 과세 없다"라고 주장하며 정치적인 문제 제기를 합니다.

갈등이 심화되자 미국 내 여러 지역에서 독립에 대한 논의가 시작되었습니다. 그렇게 1776년 6월 버지니아 의회에서 통과된 것이 〈버지니아 권리장전〉입니다. 이 문서는 "모든 인간은 날 때부터 평등하게 자유롭고도 자주적인 일정한 천부의 권리를 갖고 있는 바"라고 천명하면서 지금 우리가 이야기하고 있는 보편적인 인권에 대하여 말했습니다. 더불어 부당한 정부에 대하여 반역할 권리가 있음도 주장합니다.

〈버지니아 권리장전〉은 1776년 7월 4일 〈미국 독립선언문〉에도 영향을 미쳤고, 마침내 독립한 미국 헌법의 기초가 되었습니다. 이는 1786년부터 시작된 프랑스 혁명 때 나온 〈프랑스 인권선언〉에도 영향을 미쳤습니다.

그런데 이들 문서는 모두 "모든 인간은"이라고 시작하면서도 실상은 재산을 가진 일부 남자에게만 권리를 보장했습니다. 그러다 점차 노동자와 여성들도 자신들의 권리를 주장하였고, 서서히 모든 인간에게로 인권이 확장되었지요. 그런 점에서 1948년 모든 인류에게 인권이 있다는 〈세계인권선언〉은 보편적인 권리로서 인권을 확정한 셈입니다. 〈세계인권선언〉 이후에도 유엔은 특별히 아동, 여성, 장애인, 이주민, 난민 등 권리 보장이 더 필요한 사람들의 권리를 보장할 필요가 있음을 다양한 협약이나 조약으로 제시하였습니다.

하지만 현실적으로 〈세계인권선언〉처럼 모두가 쉽게 인권을 누리고 있는 것은 아닙니다. 수많은 나라에서 실제로 인권을 누리기까지는 인권 문제에 대한 지속적인 지적과 함께 많은 값을 치러야 했습니다. 우리나라에서도 광복 이후 수많은 시민들의 노력과 희생 덕분에 인권을 누리게 되었지요. 4·19 혁명, 5·18 광주민주화운동, 6월 시민항쟁 등은 모두 공권력에 저항하여 시민들이 권리를 찾은 역사적 사건입니다.

앞에서 아동에 대한 인권침해를 주장하는 단체 이야기를 잠깐 했지요. 이들처럼 수많은 개인과 단체가 열악한 노동, 여성차별, 아동학대, 이주민의 권리침해 문제의 개선을 주장하면서 인권을 확장해왔습니다.

이렇듯 인권 확장과 관련한 역사를 돌아보면, 인권이라는 개념은 서유럽에서 시작되었지만 모든 나라가 각각 수많은 사건을 겪고 노력하여 얻어낸 산물입니다. 인권은 불쑥 선물처럼 내려온 게 아니라 인류가 노력하여 확보한 투쟁의 결과물인 것입니다. 그 덕분에 인류의 권리와, 그 권리를 누리는 사람들이 확장되어온 것이고요. 어쩌면 인류의 역사는 인권이 확장되어온 역사이고, 인권을 누리는 사람들이 증가해온 역사라고도 볼 수 있을 것입니다.

인권의 확장 : 1세대·2세대·3세대 인권

보통 인권 확장을 논할 때 세대별로 변화한 내용을 이야기하곤 합니다. 여기서 세대는 인권의 내용이 변한 흐름에 따라 구분하는 기간적 의미로 보면 됩니다. 인권의 세대별 구분은 프랑스의 헌법학자인 카렐 바삭(Karel Vasak)이 논의한 것으로 크게 1세대 인권, 2세대 인권, 3세대 인권으로 나눕니다. 1세대 인권과 2세대 인권은 개인과 국가(혹은 정부) 관계에서의 인권을, 3세대 인권은 집단으로서 갖는 인권을 주로 이야기합니다.

1세대 인권은 국가로부터 자유로울 권리이자 국가가 개입하지 않아야 지켜지는 권리입니다. 시민혁명 등을 통해 주장했던 자유와 권리 대부분이 이에 해당됩니다. 신체의 자유, 이동의 자유, 사상과 양심의 자유, 그리고 이러한 자유를 위해 정치에 개입할 수 있는 권리인 참정권 등도 1세대 인권에 해당합니다. 오랫동안 정치적인 목소리를 내지 못했던 사람들이 1세대 권리를 확보하고 '시민'으로서 권리를 누리게 되었기에 시민·정치적 권리라고도 합니다.

2세대 인권은 국가가 적극적으로 개입하여 불평등 문제를 해결할 때 누릴 수 있는 권리입니다. 자유로운 시민으로서 살기만 한다면 누구나 인간 존엄성을 유지할 수 있을 거라고 생각할 수도 있습니다. 하지만 자본주의가 성장하면서 심해진 빈부격차 등으로 인해 수많은 개인들은 존엄한 삶을 누리기 어려워졌습니다. 경제적 불평등은 사회·문화적인 불평등도 만들어내죠. 그래서 국가가 적극적으로 개입하여 불평등을 완화해야 할 필요성이 제기된 것입니다. 2세대 인권은 교육권, 노동권, 사회권 같은 사회·경제·문화적 권리를 말합니다.

3세대 인권은 원래 인권에서 강조하던 개인의 권리와 달리 '집단의 권리'를 말합니다. 집단이 자기 집단에 대한 결정권을 가지고 권리를 요구할 수 있는 것에 초점을 두며, 이를 위해 다른 개인이나 집단이 연대할 수 있는 권리입니다. 그래서 3세대 인권은 집단권 혹은 연대권이라고도 합니다. 최근에 강조하는 권리로 집단의 다양성에 필요한 권리라고도 볼 수 있습니다. 소수민족이 자기 부족에 대한 정부의 결정을 거부하고 스스로 결정할 권리를 갖는 것도 여기에 해당합니다.

인권은 발명품이다

아직 모든 인류가 인권을 충분히 누리지 못하고 있긴 하지만, 인권의 내용과 인권을 누리는 사람들의 범위가 확장되었음은 부정하기 어렵습니다. 현재 우리가 누리는 인권 중에 과거에는 전혀 고려하지 않던 것들도 많습니다.

예를 들어 최근에 대두되는 '잊힐 권리' 같은 것은 인터넷 기술이 발달하기 전에는 관심 밖이었지요. 그러다 개인의 사생활에 관한 기록이 인터넷에 남아 당사자도 모르게 관리되자, 사생활의 자유만으로는 인간 존엄성을 지키기 어려워졌습니다. 그렇게 논의를 시작하여 만들어진 권리가 '잊힐 권리'입니다.

또한 도시 공동체가 사람들의 삶에 미치는 영향이 커지면서 '도시민을 위한 권리'도 새롭게 강조됩니다.

앞으로 잊힐 권리나 도시민을 위한 권리 말고도 새로운 권리들이 지속적

새롭게 강조되는 도시민을 위한 권리

도시에 살아가는 개인들은 각자 재산에 대한 자유권을 행사하면서 살아간다. 그런데 최근 들어 도시개발 과정에서 바람길이나 온실효과 등의 환경 문제, 개발 이익 문제가 떠오르자, 이를 오로지 그 개인의 문제로만 봐야 하는가 하는 논의가 등장했다. 이처럼 공동체로서 도시에 사는 주민 모두가 도시 발전에 대해 의견을 내고 결정할 권리를 '도시민을 위한 권리' 또는 '도시에 대한 권리'라고 한다.[33] 3세대 인권의 하나로 볼 수 있다.

도시민을 위한 권리는 프랑스 철학자 르페브르가 제시한 것으로 도시민으로서 적절한 주거와 편의시설을 누릴 권리, 도시 행정에 참여할 권리, 공적인 공간에 누구나 참여할 권리 등을 포괄하는 권리를 말한다. 이는 도시라는 공간의 공공성을 강조하는 것이다. 우리나라에서 서울 강남 개발에서 나오는 이익을 환수하려 한다거나 정부가 시민과 거버넌스를 통해 지역의 개발 방향을 논의하는 것도 도시민의 권리와 관련이 있다.

'성미산 마을 공동체 운동'처럼 도시 내 마을조합 활동을 하는 경우도 이러한 권리를 보장하려는 일환으로 볼 수 있다.

으로 등장할 것입니다. 이렇게 보면 현재 우리가 누리는 대부분의 인권은 발명품입니다. 당연히 사회가 변하면서 더 많은 인권이 발명되겠지요? 나 혹은 인류가 존엄한 존재로서 살아가기 위한 권리로 무엇이 더 필요할까요?

조사 활동 우리나라의 1세대 인권, 2세대 인권 확장과 관련된 현대사 정리하기

1. 일제 강점기 혹은 광복 이후부터 우리나라 인권에 관한 역사적 사건을 찾아본다.
2. 역사적 사건에서 제시된 다양한 선언문 등을 조사한다.
3. 역사적 사건과 주요 문건 혹은 선언문에 제시된 내용을 연결하여 우리나라 인권 확장의 기록을 자신만의 방식으로 만들어본다.

제안 활동 생활 속 인권 발명하기

1. 신문기사에서 개인이나 집단이 인권침해를 당한 최근의 사건을 찾아본다.
2. 그 사건에서 존엄함 삶을 위해 필요한 인권이 구체적으로 무엇인지 조사해본다.
3. 그러한 인권이 필요한 이유 등을 고려하여 해당 인권의 이름(예: 잊힐 권리, 도시민을 위한 권리)을 정해본다.
4. 인권의 명칭, 세부 내용 등을 기록하여 자신이 발명한 인권을 제시한다.

제안 활동 도시에 대한 권리와 관련된 논의 찾아보기

1. 도시에 대한 권리를 다룬 책을 읽고 권리의 의미를 정확하게 이해한다.
2. 캐나다 등에서 선포한 도시민의 권리 혹은 도시에 대한 권리 관련 헌장이나 협약 등의 문서를 찾아보고 내용을 파악하여 도시민의 세부적인 권리 등을 정리한다.
3. 우리 지역에서 내가 강조하고 싶은 도시민의 권리 하나를 제안해본다.

2 헌법은 인권을 어떻게 보장하는가?

(!) 헌법, 국민주권, 권력분립, 헌법소원, 기본권, 자유권, 평등권,
사회권, 참정권, 청구권, 기본권 제한

우 리나라에서 몇 세부터 선거권을 갖는지 아시나요? 2018년
현재 만 19세입니다. 청소년 인권단체들은 이 연령을 낮추
어야 한다고 주장합니다. 2017년 2월에는 일부 청소년들이 선거권 하한연
령을 낮추어달라는 헌법소원을 제기했습니다. 인권이 헌법과 무슨 관련
이 있기에 '선거권'을 요구하며 헌법소원을 제기한 걸까요?

헌법은 왜 존재하는가?

제 학생 시절 기억 속의 헌법은 대통령을 비롯한 행정부 등 국가조직
에 관한 내용이 대부분이었습니다. 그런데 나중에 헌법을 자세히 보았더

니 통치조직에 관한 내용은 뒷부분에 주로 나오고, 앞부분인 총론에서는 주권과 국가 정체성을, 그다음으로는 국민의 권리와 의무를 다루고 있었습니다. "제10조 모든 국민은 인간으로서 존엄과 가치를 가지며, 행복을 추구할 권리를 가진다. 국가는 개인이 가지는 불가침의 기본적 인권을 확인하고 이를 보장할 의무를 진다"라는 내용이 대표적이지요.

이렇게 보면 헌법은 국가를 존재하게 하는 가장 큰 약속이면서, 국가가 국가의 근간인 국민의 존엄성을 지켜주는 기능을 해야 함을 밝힌 규범이라고 할 수 있습니다. 그래서 헌법에는 인간 존엄성과 인권을 지키기 위한 장치와 관련한 내용이 많이 담겨 있습니다. 대표적인 것이 국민주권, 권력분립의 원리입니다.

국민주권은 주권이 국민에게 있음을 뜻합니다. 우리나라 헌법 제1조는 "①대한민국은 민주공화국이다. ②대한민국의 주권은 국민에게 있고, 모든 권력은 국민으로부터 나온다"라고 명시합니다. 주권은 국가 내에서는 최고의 권력이고 대외적으로는 독립적인 권력을 말하지요. 이런 권력이 왕이나 귀족 등 특수한 집단, 오늘날로 치면 정치를 하는 특정인에게 있는 것이 아니라 국민에게 있다는 것입니다.

여기서 말하는 국민은 우리 개개인이 아니라 국가를 구성하는 모든 구성원을 포괄하는 표현입니다. 그러므로 국민주권의 원리란 국가의 운영, 정치 형태와 구조 등을 국민의 의사에 따라 결정해야 한다는 뜻이지요. 또한 권력의 정당성은 국민에 의해서만 부여된다는 의미이기도 하고요.

권력분립은 입법·행정·사법 등 권력을 여러 기관으로 분산해서 견제와 균형을 통해 국민의 자유와 권리를 보장하는 원리를 말합니다. 이를 위해 대통령제나 의원내각제 같은 정부 형태를 구성하는데, 어떤 형태를 취하느냐에 따라 견제 방식이 달리 나타납니다.

　그런데 현대사회에 접어들면서 복지국가 이념 실현 등의 이유로 과거에 비해 행정 권력이 강해지고 있습니다. 그래서 전통적인 견제 방식 이외에도 행정부에 대한 입법부의 감시가 강조됩니다. 우리나라도 행정부가 법률을 제안하는 일이 많아지는 등 행정부의 권한이 강화되어, 입법부에 국정 운영 감시 권한을 부여해 행정부를 견제하게 합니다. 국정감사나 국정조사 등이 대표적인 방법입니다.

　또한 행정이나 법률 제정 등이 헌법에 부합하는지 판단하는 사법 기능을 강화하여 국민주권 및 권력분립을 지원하는 경향도 나타납니다. 우리나라에서는 헌법재판소가 이 기능을 합니다. 헌법재판소는 헌법과 관련된 분쟁에서 유권해석◆을 하여 해결하는 기관입니다. 탄핵심판이나 정당해산 심판 같은 권한도 있지만, 헌법소원심판과 위헌법률심판 등을 통해 국민의 기본권을 보장하고 있습니다.

헌법에서 보장하는 인권은 무엇일까?

　헌법은 구체적으로 국민이 누려야 할 인권에 대하여 명문화해놓았습니다. 헌법이 보장하는 국민의 자유와 권리를 기본권이라고 합니다. 그리고 포괄적으로 인간의 존엄과 가치를 천명하면서 행복추구권을 제시합니다. 또한 자유권·평등권·사회권·참정권·청구권 등도 제시하지요. 이러한 권

◆ 유권해석　국가의 권한 있는 기관이 법규를 해석하는 것을 말한다. 해석하는 기관에 따라 입법해석, 사법해석, 행정해석으로 나뉜다.

헌법소원심판과 위헌법률심판은 어떻게 다를까?

2015년에 인터넷에 개인정보가 유출된 사실을 알게 된 강 씨 등은 지방자치단체에 주민등록번호 변경을 요청했지만 이루어지지 않았다. 그래서 해당 지방자치단체를 상대로 소송을 했다. 재판부에 '주민등록법'이 헌법을 위배하니 위헌법률심판 제청을 해달라고 요구하였으나 재판부가 이를 받아들이지 않았다. 그러자 강 씨 등은 지방자치단체가 주민번호를 변경해주지 않는 것은 기본권 침해라며 직접 헌법소원심판을 요청했다. 이에 헌법재판소가 헌법불합치 결정을 하여 해당 법의 개정을 요구했다.[34]

이 하나의 사안에는 헌법소원심판과 위헌법률심판이 모두 적용되어 있다. 헌법소원심판은 국가가 공권력을 행사하거나 아니면 행사하지 않음으로써 기본권을 침해당한 개인이 직접 헌법재판소에 심판을 요구하는 것이다. 이와 달리 위헌법률심판은 법원에서 이루어지는 재판과 관련된 법률이 헌법을 위반하는지 여부가 문제가 될 때, 이에 대하여 재판의 당사자나 법원이 헌법재판소에 심판을 요구하는 것이다.

리들은 앞에서 살펴본 1세대 인권과 2세대 인권 중 핵심 내용을 구체화한 것으로, 헌법에서 최소한으로 보장해야 한다고 명문화한 것입니다.

자유권은 국가 권력의 간섭을 받지 않을 권리로서, 국가의 역할을 제한한다는 점에서 소극적 성격을 갖고 있습니다. 신체의 자유, 종교의 자유, 집회와 시위의 자유, 사상과 양심의 자유 등이 여기에 속하지요.

평등권은 인종, 성별, 종교, 신분 등 개인의 조건에 의해서 부당하게 차별받지 않고 동등하게 대우받을 권리로서 다른 기본권을 실현하기 위한 전제 조건입니다.

사회권은 인간다운 생활을 누리도록 국가에 요구할 수 있는 복지국가의 이념이 반영된 권리로, 국가가 적극적으로 개입해야 하는 권리입니다. 교육권·근로권·사회보장권 등이 이에 속합니다.

참정권은 국가의 의사결정에 국민으로서 참여할 수 있는 권리이며, 국민주권주의를 실현하기 위한 것입니다. 선거권이나 공무담임권◆ 등이 속합니다. 청구권은 국가에 특정한 행위를 신청할 수 있는 권리로서 보통 다른 기본권이 침해당했을 때 구제를 위해 필요한 권리라서 수단적 기본권이라고도 합니다. 재판청구권이나 청원권 등이 해당됩니다.

헌법 제37조 1항은 "국민의 자유와 권리는 헌법에 열거되지 아니한 이유로 경시되지 아니한다"라고 되어 있습니다. 헌법에 구체적인 조항으로 제시된 기본권 외에도 다양한 권리를 보장해야 한다는 것이죠. 즉 헌법에서 제시하지 않더라도 인간 존엄성에 필요한 자유와 권리라면 여전히 헌법에서 이를 보장한다는 것을 명문화한 것입니다.

헌법에서는 기본권의 제한과 그 조건도 제시하고 있습니다. 우리나라 헌법 제37조 2항은 "국민의 모든 자유와 권리는 국가안전보장, 질서유지 또는 공공복리를 위하여 필요한 경우에 한하여 법률로써 제한할 수 있으며, 제한하는 경우에도 자유와 권리의 본질적인 내용을 침해할 수 없다"라고 명시하고 있습니다. 언뜻 기본권 제한을 인정한다는 뜻처럼 보일 수도 있지만, 사실은 기본권 제한을 함부로 하지 못하게 만든 조항입니다. 기본권을 제한하려면 명시하고 있는 모든 조건을 하나도 빠짐없이 갖추어야 하기 때문이지요.

◆ **공무담임권** 국민이 국가기관의 구성원이 되어 공무를 담당할 수 있는 권리이다.

특히 관심을 두어야 하는 것은 '필요한 경우에 한하여'라는 대목입니다. 이는 기본권 제한이 가장 효과적인 방법이어야 하며, 보호하고자 하는 공익(국가안전보장, 질서유지, 공공복리)이 침해당하는 개인의 사익보다 커야 하고, 기본권 제한으로 인한 피해는 최소화해야 함을 말합니다. 이런 세부적인 점까지 고려하면 헌법 제37조 2항은 기본권 제한을 가능하게 하는 조항이 아니라 기본권 제한을 제한하는 조항으로 봐야 합니다.

오늘날의 눈으로 인권과 헌법을 다시 보기

역사적으로 인권은 자연법에 의해 보장되는 것으로 여겨왔습니다. 특히 왕정시대엔 왕이 만든 실정법과 구별되는 자연법적 성격에 의해 인권이 보장된다고 여겼지요.

시민혁명 이후 근대국가가 형성되는 과정에서 헌법이 만들어졌는데, 이때 인간의 존엄성 및 국민의 자유와 권리 보장 내용이 헌법 조문으로 들어가면서 인권이 실정법 속에 담겼습니다. 이러한 헌법에 기초하여 법률이 만들어졌으므로, 법도 결국은 인간 존엄성 및 자유와 권리를 보장하는 역할을 합니다.

그런데 이렇게 인권을 국가의 실정법 안에 담아내자, 국가라는 경계 안에서 국민이라는 지위를 가진 사람에게만 인권이 한정된다는 한계가 나타났습니다. 쉽게 말해 국민이 아니면 인권을 누리지 못하는 상황이 생길 수 있다는 것입니다. 그러면 수많은 이주민, 특히 난민이나 불법체류자들은 '권리 없는 자'가 되어버립니다.

헌법 제1조에는 무엇이 들어가야 할까?

인권을 강조하여 여러 나라 헌법에 기본이 되었던 〈버지니아 권리장전〉에 기초한 미국 헌법의 제1조에는 어떤 조항을 다룰까? 수정헌법 제1조에는 "미합중국 의회는 국교를 정하거나 자유로운 신앙 행위를 금하는 법률을 제정할 수 없다. 또한 언론·출판의 자유나 국민이 평화롭게 집회할 수 있는 권리 및 불만 사항의 해결을 위해 정부에 청원할 수 있는 권리를 제한하는 법률을 제정할 수 없다"라고 되어 있다.

독일의 헌법 제1조에는 "1. 인간의 존엄성은 불가침이다. 이를 존중하고 보호하는 것이 모든 국가 권력의 의무이다. 2. 존엄성을 보호하는 것은 모든 국가 권력의 책무이다"라고 되어 있다. 그런데 현재 독일 헌법 제1조의 내용은 1919년에 만들어진 바이마르헌법의 제1조와는 차이가 있다. 바이마르헌법 제1조는 "독일제국은 공화국이다. 국가 권력은 국민으로부터 나온다"라고 되어 있다. 독일의 바이마르헌법은 자유 민주주의 이념에 사회 민주주의 이념을 넣어 현대 헌법의 기초를 만들었다는 평가를 받고 있다.

바이마르헌법의 제1조와 달리 현재 독일 헌법에서 인간 존엄성을 우선하여 강조하는 이유는 무엇일까? 이는 히틀러의 독재와 관련이 있다. 1933년 히틀러가 '법률을 만들 수 있는 권한을 행정부에 위임한다'는 수권법을 만들어 의회를 와해시켰는데, 당시 헌법 제1조의 "국가 권력은 국민으로부터 나온다"라는 항목에 의해 국민의 지지를 받는 히틀러가 독재를 해도 된다는 이상한 논리를 만든 것이다.

결국 바이마르헌법은 무력화되고 제2차 세계대전 이후 서독에서 1949년에 독일연방공화국 기본법을 만들어 헌법으로 사용하면서 제1조에 '인간 존엄성'의 불가침성을 우선으로 제시하였다. 이 헌법은 1990년에 부분 개정을 통해 현재

통일 독일의 헌법으로 운영되고 있다.

미국의 수정헌법과 독일에서 새롭게 만든 헌법 제1조에서 '국가 권력의 창출'이나 '국가의 정체성'을 다루지 않고, '인간 존엄성과 인권 보호'라는 것을 우선적으로 천명한 이유는 무엇일까? 국가가 개개인의 인간 존엄성을 위해 존재한다는 것을 잊지 않기 위함이 아닐까? 미국과 독일은 헌법 제1조를 통해 국가 권력 형성의 정당성보다 더 중요한 것이 국가 권력 방향의 정당함이라는 것을 강조했다. 그런 점에서 우리나라 헌법 제1조가 무엇이 되어야 할지 생각해볼 필요가 있다.

인권은 모든 인간을 위한 보편적 권리이면서 사회 변화에 따라 새롭게 발명될 수 있는 것이라고 했지요. 그러니 이들을 위한 새로운 권리도 강조되어야 합니다. 또한 인권은 개인의 노력으로 얻는 권리가 아닌 인간이라는 이유만으로 부여받는 권리입니다. 그러므로 오로지 국민이라는 자격을 갖지 못해서 권리 없는 자들이 된 이들의 인간 존엄성을 위해 어떤 권리를 만들어야 할지 생각해보아야 합니다.

또한 현재 대부분 나라의 헌법이 시민혁명과 산업화 시기에 초안이 작성되었다는 점을 고려하여, 현재의 변화된 삶의 조건에 적합한지도 파악해보아야 합니다. 그러면서 현재 헌법에서 기본권으로 정해진 권리 이외 명문화해야 하는 권리가 더 없는지 생각해보아야 합니다. 또한 헌법, 그리고 헌법을 구현하고자 하는 다양한 법률이 모든 사람의 권리를 보장하기 위한 국가의 노력에서 시작되었다는 것을 상기할 필요가 있습니다. 어쩌면 '헌법과 인권 다시 보기'를 시작해야 할지도 모르겠습니다.

제안 활동 우리가 만드는 헌법 제안하기

1. 주변 사람들 10명 이상에게 헌법 개정을 한다면 꼭 넣고 싶은 권리조항이 무엇인지 각자 3가지 이상 의견을 묻는다.

2. 인터뷰한 내용이 현재 헌법에 포함되어 있는지 확인하고, 없으면 추가할 권리조항 10개를 만들어본다.

3. 10개의 조항을 주변 사람들에게 제시하고, 그중에서 헌법 개정에 꼭 들어가야 할 권리조항은 무엇이라고 보는지 선호도 조사를 해서 3가지로 정리한다.

4. 이 과정을 기록한 보고서를 만든다.

조사 활동 헌법소원 사례 찾아 재판 과정과 결과 정리하기

1. 뉴스에서 헌법소원의 사례(간통, 양심적 병역거부 등)를 찾아서 재판 결과를 추적해본다.

2. 헌법소원 재판에서 중요하게 다룬 공익과 개인의 기본권 충돌이 무엇인지 살펴보고, 경중을 따진 재판 내용을 파악해본다.

3. 헌법재판소의 결정에 대한 자신의 의견을 달아서 보고서를 작성한다.

3 인권 보장을 위한 시민참여

❓ 법, 준법, 법의식, 준법의식, 시민참여, 사회운동, 시민 불복종

로자 파크스(Rosa Parks)라는 이름을 들어본 적이 있나요? 이 사람은 1955년 12월 1일 인생이 달라지는 큰 경험을 합니다. 미국의 앨라배마주 몽고메리에 거주하던 그녀는 그 당시 미국 남부에서 시행 중이던 '분리에 관한 법률', 일명 '짐 크로 법(Jim Crow Laws)'을 어기게 됩니다.

이 법은 흑인과 백인의 일상생활을 구분하도록 하는 것으로 대표적으로 버스에서 백인과 흑인의 앉는 공간을 달리하거나 백인과 흑인이 이용하는 식당을 각각 분리하는 것 등이 포함됩니다. 버스의 경우 앞자리에는 백인이, 뒷자리에는 흑인들이 앉는데, 백인들의 자리가 부족할 경우에는 흑인들의 자리까지 백인 자리로 변경하고 흑인들은 백인들을 위해서 자리를 양보해야 했습니다.

일을 마치고 집으로 돌아가는 길에 버스를 탄 로자 파크스는 흑인 자리에 가서 앉았습니다. 조금 후 백인들이 많이 타자 기사는 로자 파크스에게 자리를 양보하라고 합니다. 로자 파크스는 자리를 양보하지 않고 '분리에 관한 법률'을 어깁니다. 결국 로자 파크스는 경찰에 체포됩니다.

이 사건이 알려지자 흑인들은 버스 타지 않기, 즉 버스 보이콧 운동을 시작합니다. 먼 거리도 걸어서 이동하면서 합법적으로 흑백 분리 정책에 저항할 수 있었고, 로자 파크스를 지지할 수 있었습니다. 당시에 버스와 같은 대중교통은 백인들보다 흑인들이 주로 이용했기에 버스 회사는 큰 손해를 입게 됩니다.

당시 주 정부는 이 운동에 참여하는 흑인 회사원들에게 회사를 통해 해고 위협을 가하거나 다른 흑인을 카풀로 태워준 사람들의 운전면허를 말소하겠다고 하는 등 다양한 방식으로 위협했습니다. 이런 상황에도 불구하고 이 운동은 '싯 인(Sit in) 운동'으로 확장됩니다. 식당 등 흑인과 백인을 구분하는 공공장소에서 백인에게만 허용된 자리에 흑인들이 앉는 것입니다.

이에 더해 미국 흑인의 인권을 대변하던 마틴 루터 킹 목사는 비폭력 행진 운동으로 흑인 인권 문제를 알리고 흑백 분리 법률을 없앨 것을 요구합니다. 그 당시 백인들 중 일부도 이를 지지합니다.[35]

결국 이 운동에 힘입어 미국에서는 1965년 '시민권에 관한 법률(Civil Rights Act)'이 만들어지면서 짐 크로 법에 규정된 흑백 분리 정책은 사라지게 됩니다. 법이 인권을 침해하는 경우, 우리가 어떻게 해야 하는지 해답을 찾을 수 있지요?

법은 왜, 어떻게 존재하는가?

법이란 공동체 구성원들의 행동의 기준이 되는 공동체 규율입니다. 즉, 법은 국가에서 공식적으로 만든 것으로 이를 어길 경우 국가로부터 일정한 제재를 받는 사회규범입니다. 헌법, 법률, 명령, 조례 모두 사회규범으로서 법의 종류입니다.

그런데 법의 필요성에 대해서 사람들은 조금 다르게 생각하기도 합니다. 종종 어떤 사람에 대해 "법 없이도 살 사람이다"라고 하지요. 너무나 선하여 다른 사람의 권리를 침해할 가능성이 전혀 없는 사람에 대해 이렇게 말합니다. 이 표현에는 법이 나쁜 행위를 금지하고 처벌하는 등의 제재를 통해 사람들의 행동을 강제하는 것이라는 관점이 담겨 있습니다.

반면 한 개그 프로그램에서 누군가가 이렇게 말하더군요. "아니야. 이 사람은 법 없이 살 사람이 아니라 법이 지켜주어야 하는 사람이야." 아마 너무 선해서 피해만 보고 사는 사람이라는 표현을 하고 싶었던 것 같습니다. 이 말에는 법이 개인들의 권리를 지켜주고 보호해주는 것이라는 관점이 담겨 있습니다.

사실 두 관점 모두 법이 왜 존재해야 하는지 설명합니다. 법의 기능을 이야기할 때, 다음과 같이 설명합니다.[36] 첫째, 법은 사회 구성원들의 권리가 충돌하여 분쟁이나 갈등이 일어날 때 그것을 조정해주는 역할을 합니다. 앞에서 로자 파크스의 경우 버스 자리를 놓고 갈등이 일어날 때 그 당시의 짐 크로 법에 따르면 로자 파크스가 자리에서 일어나야 하는 것이지요.

둘째, 법은 사회질서를 유지하는 역할을 합니다. 도로에서 차를 운전하는 사람들이 파란불일 때 운전하고 빨간불일 때 멈추는 것은 신호 그 자체에 따라서 그렇게 하는 것이 아니라 그렇게 정한 도로교통법을 지킨 결과이고, 그에 따라 도로상의 질서 유지가 가능한 것입니다.

셋째, 법은 공익과 공공복리를 추구합니다. 그래서 현대사회 대부분의 법은 국민의 대표들이 모여서 합법적인 절차에 따라 만들고 모두에게 공표하여 지키도록 하는 것입니다.

넷째, 법은 정의와 인권을 수호합니다. 이에 따라 가장 최고 법인 헌법에서 인권을 보장하고, 법률이나 명령, 조례 등에서 이를 구체적으로 실현하도록 하고 있습니다.

정의의 여신의 모습. 눈을 가리고 한 손에는 저울을, 다른 손에는 칼을 들고 있다.

법의 이런 기능이나 정신을 상징하는 것이 바로 '법의 여신'입니다. 정의의 여신이라고도 불립니다. 이 여신은 그리스 신화 속의 인물로 디케(Dike), 아스트라이아(Astraea) 또는 유스티치아(Justitia)로 불리며 우리나라 법원 앞에도 세워져 있습니다.

법의 여신은 독특한 모습을 하고 있습니다. 일단 안대와 같은 헝겊으로 눈을 가리고 있으며, 한 손에는 칼(최근에는 칼 대신 법전)을 다른 손에는 저울을 들고 있습니다. 무엇을 상징하는 걸까요? 눈을 가리는 이유는 사사로움에 따라 주관적으로 처리하지 않고 공정하게 하겠다는 의미를, 저울은 공평하고 정의롭게 판단하겠다는 의미를, 칼이나 법전은 법을 엄격하게 적용하겠다는 의미를 담고 있습니다.

그런데 실제로 살다보면 법의 집행 과정에 분노하고, 법이 가진 자만을 위해 존재하는 것 같은 경험을 하게 됩니다. 종종 로자 파크스를 범법자로 만든 짐 크로 법처럼 차별 등의 문제를 가져오는 법도 존재합니다. 법이 정말로 처벌해야 할 사람은 보호하고 보호받아야 할 사람은 처벌하는 경우도 볼 수 있습니다. 이럴 때는 어떻게 해야 할까요?

법은 어떤 상황에서도 지켜야 하는 것일까?

사실 어느 사회에서나 준법을 강조합니다. 우리가 법을 지켜야 하는 이유는 무엇일까요? 첫째, 법을 지키는 것이 공동체와 개인에게 이익이기 때문입니다. 법이 공익이나 공공복리, 정의와 인권을 위해 존재하는 경우에, 이를 지키지 않으면 사회 질서가 혼란해지고 부정의한 상태가 됩니다. 또한 사람들 대다수가 준법하지 않는 사회가 되면, 결국 개인들은 사적으로 자신의 권리를 지켜야 하는 위기에 빠지게 됩니다.

둘째, 현대사회 대부분의 법은 대의 민주주의에 따라 자신의 뜻을 대리하는 대표들이 만들었습니다. 이미 법이 성립되는 순간 사회 구성원은 그 법을 수용하기로 약속했다고 보아야 합니다. 즉, 법은 그 자체로 공동체 구성원들 간의 약속이기 때문에 준법을 요구하는 셈입니다.

그러나 이런 이유를 인정하더라도 법을 지키고 싶지 않은 경우가 있습니다. 〈모범시민〉이라는 영화를 보면 주인공의 눈앞에서 그의 아내와 딸이 무참하게 죽었는데도 법의 한계로 인해 범죄자 중 한 명이 처벌을 받지 않고 풀려납니다. 주인공은 스스로 처절하게 복수하고는 벌을 받습니다. 〈모범시민〉을 비롯한 많은 영화를 보면, 법이 제대로 기능하지 못할 때 사적인 복수가 왜 문제가 되지 생각하게 됩니다.

법이 제대로 기능하지 못해 개인이 복수를 하는 경우, 즉 공동체의 법이 아니라 자신만의 법을 따르는 경우를 봅시다. 위의 영화에서와 같이 가족이 살해당하는 것처럼 큰 사건이 아니더라도 우리는 사소한 상황에서도 법이 제대로 작동하지 못하는 경우를 자주 봅니다.

차를 운전하는 도로 상황을 볼까요? 차를 운전하고 있는데, 신호가 고장나서 빨간불이 10분 이상 계속되고 주위에 상황을 해결해줄 경찰관도 없다고 생각해봅시다. 사거리의 다른 차들은 신호를 받아 쉽게 지나가는데 내가 가야 할 방향으로만 이동이 불가능합니다. 분명히 이 경우는 신호등이 제대로 작동하지 않아 문제가 되는 상황입니다.

이 상황에서 어떻게 해야 할까요? 우리는 파란불이 제대로 기능하거나 경찰이 와서 정리하기까지 기다려야 합니다. 왜냐하면 신호가 잘못 작동한 것이니 가도 된다고 스스로 판단하고 움직이면 다른 방면으로 운행하는 차들과 충돌하여 큰 사고가 날 가능성이 있기 때문입니다. 사고가 나면 그나마 움직이던 다른 방면의 차를 비롯하여 사거리 대부분의 차의 이동을 막아버리게 됩니다.

이처럼 현재 법이 잘못 작동하여 불편하거나 조금 불평등하게 적용되더라도 그에 대하여 주관적 판단으로 행동하거나 사적인 복수와 같은 선택을 할 경우에, 공동체 전체의 질서를 와해하고 다른 사람들을 위험에 빠지게 할 수 있습니다. 일단 신호등의 신호를 지키면서 경찰에 전화해 빨리 조처를 해달라고 해야 하는 것처럼, 준법을 하면서 문제 해결을 위해 사회제도를 활용해야 합니다.

바로 이 점에서 법이 잘못 기능하더라도 불편을 감수하면서 법을 지켜야 하는 이유를 알 수 있습니다. 준법이 공동체와 개인 모두를 위한 최선의 선택이 되기 때문입니다.

그런데 로자 파크스의 경우는 조금 다릅니다. 그날 그녀는 준법정신에 따라 자신이 앉았던 자리에서 일어나서 백인에게 자리를 양보해야 했을까요? 만약 그녀가 그날 법을 지켰다면 흑백 분리법은 더 오래 지속되었을 것입니다. 이는 법의 내용이 기본적으로 사람들의 권리와 자유를 침해하여 정의롭지 않은 경우입니다. 로자 파크스의 행동은 개인의 권리를 찾고자 하는 행동이지 공동체를 파괴하는 행동이 아닌 것입니다.

세상을 바꾸는 시민참여

국민의 대표들이 만든 법의 내용에서 또는 법이 집행되는 과정에서 인권이 침해되는 경우에, 도저히 준법을 하기 어려울 때가 있습니다. 이럴 때는 어떻게 해야 할까요?

시민참여가 그에 대한 한 가지 답이 될 것입니다. 시민참여는 기본적으로 정치 행위에 일반 시민들이 적극적으로 개입하여 영향을 미치는 것을 말하는데, 선거나 투표와 같은 기본적인 정치적 행동에서부터 국회의 입법 과정이나 정부의 행정 과정 등 다양한 정치 과정에 의견을 제안하거나 시민감시 활동을 하는 것 모두 포함됩니다.

시민참여는 그 활동이 매우 광범위합니다. 엘리베이터 등에서 휠체어를 탄 장애인을 표시하는 픽토그램을 본 적이 있나요? 기존 픽토그램이 너무 수동적이라고 생각한 뉴욕의 한 시민이 장애인 스스로의 힘으로 휠체어를 미는 능동적인 모습의 픽토그램을 제안하였고 결국 변경되었습니다. 이런 제안 행위도 시민참여의 한 방법입니다.

여러분의 학교에서 학생들 간에 갈등이 생겼을 때 학생 법정을 열어서 갈등이나 문제를 해결하는 것처럼 생활 속 갈등이나 분쟁 등에 당사자 집단이 참여하여 조정하는 일도 시민참여 행위이면서 인권을 지키는 행위입니다. 우리의 일상 갈등이나 분쟁 또한 자세히 살펴보면 개인들의 권리가 충돌하는 경우가 많거든요.

이뿐만 아닙니다. 능동적으로 사회를 변화시키기 위해 여러 사람이 힘을 모아 함께 주장하는 사회운동도 시민참여에 포함됩니다. 예를 한번 볼까요? 어느 초등학교에서 정기구독하던 신문 이름이 '소년○○'이었습니다. 학생들은 이것이 성차별적이라고 생각하여 이를 바꾸도록 해야겠다고 생각합니다. 이웃의 초등학교 학생들에게까지 연락하여 수많은 초등학생의 서명을 받아서 해당 신문사에 '어린이○○'이라고 신문 이름을 바꾸어달라고 요청하였고, 신문사가 이를 받아들였습니다. 이 또한 인권을 지키기 위한 시민참여의 방법입니다.

앞에서 살펴본 것처럼 법률이나 명령, 조례 등의 법이 헌법에서 강조하는 인권을 침해한 경우에 문제를 제시하고 법 개정을 요구하거나 헌법재판을 신청하는 것도 시민참여의 한 방법입니다. 대표적인 사례로 1998년에 '호주제폐지시민모임'에서 시작하여 130여 개 시민단체들이 연대해 만든 '호주제폐지를 위한 시민연대'의 민법 개정 활동을 들 수 있습니다.

우리나라에 있었던 호주제는 일제 강점기 때 일본의 제도를 도입한 것으로, 부계 혈통에 따라 남자인 호주를 가장으로 하여 그 집안의 모든 가족의 신분관계를 기록하는 것입니다. 민법에 의한 규정에 따른 것이죠. 이에 따르면 아이는 당연히 아버지의 성을 물려받아야 하고, 아버지가 돌아가시면 아들의 호적에 어머니가 가족으로 들어가야 하고, 여성이 재혼한 경우에도 재혼 이전에 낳은 자녀의 성을 재혼 후 남편이나 자신의 성으로 바꾸지 못했습니다. 기본적으로 성차별이면서, 재혼가족의 경우 사회적 차별에 노출되는 계기가 됩니다.

이에 호주제폐지를 위한 시민연대가 호주제 관련 법률의 문제를 제기하고 국회에 법 개정안을 요청하는가 하면, '민주사회를 위한 변호사모임' 등이 위헌 소송을 희망하는 시민을 모아서 헌법소원재판을 청구했습니다. 결국 1998년 호주제폐지시민모임이 만들어지고 사회 변화를 위해 노력한 지 7년 후인 2005년에 민법의 관련 조항이 헌법불합치로 결정되어 민법이 개정됩니다.

개인의 권리를 침해하는 제도나 법을 시민들이 직접 노력하여 바꾸는 행위, 개인의 작은 제안에서부터 시작하여 여러 관심있는 사람들의 연대적인 사회운동까지, 이 모든 것이 시민참여입니다. 시민참여를 해서 사회가 바뀌는 것을 경험하면 "정말로 주권은 국민에게 있구나. 인권을 위한 합법적이고 정당한 주장은 인권을 더 높이는 방식으로 사회를 개선하게 만드는 힘이 되는구나"라고 생각하게 될 것입니다.

그런데 만약 이렇게 합법적으로 정당하게 주장해도 개선이 안 될 때는 어떻게 해야 할까요?

시민 불복종, 어디까지 가능한가?

로자 파크스는 더 이상 합법적이고 정당하게 뜻을 주장할 수 없는 상황이었기에 법을 어기려 했을 것입니다. 로자 파크스와 같이 능동적인 선택에 따라 법을 지키지 않고 위법을 하기로 결정하는 사람들이 더 있습니다. 인도의 지도자였던 간디의 경우를 살펴봅시다. 영국의 식민지인 인도에서 민족 지도자였던 간디는 영국이 소금법◆을 지정하자 이를 거부하기로 합니다. 이 법에 따르면 인도인이 해변에서 소금을 얻는 것 자체도 불법이 됩니다.

간디는 그 당시 인도를 식민 지배하던 총독에게 편지를 보내 법의 부당함을 이야기하고 이를 개선하지 않으면 자신이 이에 대한 저항의 의미로 소금 채취를 할 것이라고 전합니다. 이에 대한 응답이 없자 간디는 인도의 해안가에서 직접 소금을 채취하기 위해 자신을 따르던 79명의 청년과 함께 인도 전역을 행진하면서 이동합니다. 간디를 지지하는 인도인들이 동참하며 행렬은 수만 명으로 늘어납니다. 인도의 한 해안에 도착한 간디 일행은 소금을 채취하는 불법을 행합니다. 이로 인해 간디를 비롯한 수많은 사람들이 법적인 처벌을 받습니다. 이 운동은 식민지 인도가 독립하는 중요한 사건이 됩니다.[37]

버스 보이콧 운동이나 싯 인 운동, 그리고 소금법 거부 운동은 모두 법을 어긴 것인데, 이를 단순히 불법행위라고 하지 않고 '시민 불복종'이라고 합니다. 시민 불복종은 말 그대로 잘못된 법, 정의롭지 못한 정책이나 제도

◆ 소금법 인도 내에서 소금은 오로지 영국인만 전적으로 판매할 수 있다는 내용의 법이다.

에 대하여 시민으로서 지켜야 할 의무를 거부하면서 저항하는 것으로, 비폭력적으로 공동체의 법에 복종하지 않는 것을 말합니다. 공동체에서 요구하는 시민에 대한 부당한 의무를 수행하지 않고 거부한다는 것이지요.

그런데 시민 불복종은 언제나 성립 가능할까요? 버스 보이콧 운동과 싯 인 운동, 그리고 소금법 거부 운동을 보면 시민 불복종이 가능한 상황이 어떤 것인지 공통점을 찾을 수 있습니다. 바로 공익성, 비폭력성을 바탕으로 하면서 그것이 최후의 수단이라는 점, 그리고 참여자들이 법을 위배한 것에 따른 처벌을 기꺼이 감수한다는 점입니다. 좀 더 자세히 살펴봅시다.

첫째, 공익성입니다. 이는 시민 불복종의 상황이 단순히 개인의 이익을 위한 것이 아니라 사회 정의를 위한 것이어야 한다는 점입니다. 로자 파크스에게 적용된 짐 크로 법이나 간디가 어기기로 한 소금법은 둘 다 시민의 자유와 권리를 보장하지 못하는 법으로 정당성을 잃은 법입니다. 이 경우에 준법은 시민으로서 자유와 권리를 포기하는 것입니다. 따라서 시민으로서 자유와 권리를 회복하려는 공익성이 시민 불복종의 기본 이유가 되어야 합니다.

둘째, 비폭력성입니다. 이는 시민 불복종을 통해 주장하는 방식이 비폭력적이어야 한다는 것입니다. 버스 보이콧 운동이나 싯 인 운동을 하면서 흑인들은 백인들에게 폭력을 행사하지 않았습니다. 그저 거부하고 '앉으려' 한 것이죠. 간디는 직접 불법을 행할 것임을 알리고 비폭력적인 '걷기'를 합니다.

셋째, 최후의 수단이라는 점입니다. 이것은 다른 합법적인 방법을 동원해도 해결되지 않을 경우에, 즉 최후에 선택할 수 있는 방법이라는 점입니다. 시민참여, 법률 개정 제안, 투표나 선거, 청원 등의 모든 방법을 동원해도 되지 않을 경우에 하는 것이지요.

넷째, 처벌 감수입니다. 이는 시민 불복종으로 인한 위법에 대하여 처벌을 감수하겠다는 것입니다. 로자 파크스나 간디를 비롯해 많은 불복종 운동 참여자들이 그러한 행동을 한 결과에 따라 처벌을 받았습니다. 그것도 기꺼이 말입니다.

어쩌면 시민 불복종은 해당 법에 대해서만 시민으로서 의무를 다하지 않았을 뿐, 나머지 모든 것에서는 공동체 구성원으로서 시민의 의무를 다하는 셈입니다. 즉 시민 불복종은 그 목적이나 방법 등에서 개인들의 자유와 권리를 위한 행위이면서 공동체의 다수에게 지지를 받을 수 있는 방향성이 있어야 합니다. 그런 점에서 시민 불복종 또한 인권을 지키기 위한 시민참여의 한 방법인 셈입니다.

제작 활동 나만의 정의의 여신상 만들기

1. 정의의 여신상에서 눈가림, 칼(법전), 저울 대신 어떤 액세서리를 활용하여 법의 정신을 그려넣을지 생각해본다.
2. 자신이 생각한 정의의 여신상을 꾸밀 액세서리를 신문이나 잡지 등에서 오려둔다.
3. 정의의 여신상을 꾸미고 그렇게 꾸민 이유에 대하여 설명서를 만든다.

홍보 활동 인권 개선을 위해 노력하는 시민단체 홍보하기

1. 신문기사에서 인권 개선과 관련하여 법 개정 등을 위해 노력하는 시민단체를 찾아본다.
2. 그 시민단체의 활동과 관련하여 어떤 인권침해가 문제가 되어 개선하려고 하는지 살펴본다.
3. 자신이 찾은 자료를 잘 정리하여 그 시민단체를 홍보하는 자료를 만들어본다.

제안 활동 인권침해 요소가 있는 픽토그램을 찾아 개선 방안 제안하기

1. 장애인 표지와 같이 일상에서 쉽게 볼 수 있는 픽토그램을 찾아본다.
2. 자신이 찾은 픽토그램 중에서 인권침해 요소가 있는 픽토그램을 찾아본다. (예: 학교 앞 아동 보호 표지에서 치마를 입은 여성이 아이를 데리고 가는 픽토그램은 아이를 돌보는 것이 여성의 일이라는 차별적인 양상을 보여준다.)
3. 자신이 찾은 픽토그램에서 인권침해적인 요소를 없애 새로운 픽토그램으로 어떻게 표현하면 좋을지를 생각하여 새로운 픽토그램을 제안한다.

4 내 이웃 혹은 나의 인권은 안녕한가?

(!) 인권 문제, 사회적 소수자, 차별, 인권침해, 청소년 노동권

　　고등학교 3학년부터 직업 전선에 뛰어드는 학생이 있습니다. 주로 특성화고등학교 학생들입니다. 이들이 아직 학생인데도 일터에 가는 이유는 고등학교에서 배운 내용을 실습하기 위해서입니다. 그런데 2017년 11월, 한 학생이 실습하던 공장에서 부상당하여 사망한 사건이 생겼습니다.

　2014년에는 실습 중이던 고등학생이 회사에서 왕따를 당해 고통받다가 자살한 사건이 있었고, 2017년 1월에도 한 회사의 콜센터에서 실습하던 고등학생이 업무량을 채우지 못해 고민하다 목숨을 끊었습니다. 직업을 준비하기 위해 일하다가 사망한 고등학생의 사례는 이보다 더 많을 것입니다. 이런 문제, 인권침해일까요?

　이건 어떤가요? 2004년에 기초생활수급자인 한 가족의 집에 불이 나서

부부가 사망했습니다. 부부는 장애인이었는데 전기요금을 내지 못해 전기가 끊기자 촛불을 켜두었다가 불이 난 것입니다. 전기를 공급하는 한국전력공사는 3개월 이상 요금을 내지 않는 경우 단전을 합니다. 2005년에도 전기요금을 못 낸 어느 가정에서 학생이 저녁에 숙제를 하느라 켜둔 촛불 때문에 화재가 일어나 사망한 사건이 있었습니다. 2007년에는 2년째 전기가 끊겨 촛불을 켜고 지내던 일용직 노동자 3명이 화재로 숨졌고요.

실습 고등학생의 사망 사건이나 전기요금을 못 내서 화재가 난 이런 기사들을 보면 대개 그들의 힘든 삶을 안타까워하는 마음을 느낄 것입니다. 그런데 이런 사건들은 모두 사회적으로 어려운 처지에 있는 사람들이 인간다운 삶을 보장받지 못한 경우라는 점에서 인권침해이며, 사회적으로 문제 제기해야 할 심각한 인권 문제로 보아야 합니다.

인권침해는 생각보다 일상에서 쉽게 경험할 수 있습니다. 특히 인권 문제에 더 취약한 사람은 누구일까요?

인권 문제는 누가 더 많이, 더 고통스럽게 경험하는가?

인권은 누구나 갖는 권리이기 때문에 당연히 누구나 인권침해를 경험할 수 있습니다. 그런데 그중에서도 인권침해를 당할 가능성이 더 높은 사람이나 집단이 있지 않을까요? 국회의원과 일용직 노동자 중에서 누가 더 인권침해를 경험할 가능성이 높을까요? 일용직 노동자가 주변 사람들에게 차별받을 가능성이 더 높지 않을까요? 동일하게 죄를 저질렀더라도 경찰서나 법원에서 어려움을 더 많이 겪지 않을까요?

사실 우리나라를 비롯해 대부분의 나라는 '법 앞에 평등'을 헌법에서 강조합니다. 어떤 조건에 의해서도 차별을 받지 않아야 한다는 것이지요. 그러나 현실에서는 차별과 불평등이 미세하게 또는 노골적으로 나타나며, 인권침해 또한 특정 집단이 더 많이 경험할 수 있다는 걸 우리는 알고 있습니다.

특히 사회적 소수자가 그렇습니다. 사회적 소수자는 신체적·문화적 특징으로 인해 주류를 이루는 구성원들에게 차별받기 쉬우며, 스스로도 차별을 받는다는 의식을 가진 집단을 말합니다. 사회마다 사회적 소수자에 속하는 집단이 달라지기도 하지만, 대체로 인종, 민족, 장애, 이주, 성, 연령, 경제적 수준, 종교, 성적 지향 등 다양한 조건에 의해 결정됩니다. 그런데 '사회적 소수자' 자체도 사회가 규정한 결과이지만, 사회적 소수자가 인권침해를 경험하는 것도 이들의 잘못이 아니라 사회적 결과입니다.

예를 들어 어떤 나라에 A 종교를 믿는 사람들이 다수이고 B 종교를 믿는 사람들이 소수라고 가정해봅시다. 종교적인 측면에서 주류집단은 A교 신자입니다. A교 신자들은 공무원 등을 공개 채용할 때, 공공건물을 지을 때 등 다양한 의사결정에서 A교 신자에게 유리한 제도와 법을 만들 수 있습니다. 그러면서도 그것이 B교 신자를 차별한다고 생각하지 못할 것입니다. 당연히 B교 신자들은 아무 잘못도 없이, 단지 A교 신자가 아니라는 이유로 차별과 어려움을 겪게 됩니다.

이를 해결하려면 A교 신자에게 유리한 제도나 법 등을 없애야 합니다. 더불어 B교 신자에게도 A교 신자가 누리던 것과 같은 유리한 조건이나 상황을 만들어주어야 합니다. B교를 믿는다는 이유로 '이상한 집단'이라는 눈길을 받았다면 그런 고정관념이나 편견도 없애야겠지요.

인권은 개인의 문제이기에 개인 스스로가 인식하고 권리를 주장해야 합니다. 그렇다고 사회적 소수자가 인권침해를 당하는 현실을 그대로 보고만 있어야 할까요?

인권의 역사를 보면, 현재 우리가 누리는 인권들 대부분이 과거 사회적 소수자였던 사람들이 주장하여 얻어낸 것임을 알 수 있습니다. 우리는 그들에게 인권에 대한 빚을 진 셈이지요. 그러므로 현재 사회적 소수자의 인권침해 문제에 관심을 갖는 것은 역사적 책무라고 할 수 있습니다.

또한 인권침해를 당하는 사회적 소수자 문제에 대해 아무 말도 하지 않는 것은 중립적인 자세라고 볼 수 없습니다. 인권침해에는 국가든 개인이든 분명히 가해자가 존재하고, 스스로 인권을 이야기하기 어려운 사회적 소수자는 피해자가 됩니다. 그런데도 가해자를 향해 인권침해를 하지 말라고 이야기하지 않는다면, 그건 중립적인 자세가 아니라 가해자의 편에 서는 것이나 마찬가지입니다.

또한 사회적 소수자라는 개념에는 상대성이 있습니다. 우리도 어느 순간 사회적 소수자가 될 수 있는 것이지요. 내가 인권침해의 피해자인 사회적 소수자에 관심을 가져야 내 인권도 보장받는 공동체를 만들 수 있습니다. 그런 사회여야 나 자신도 보호받을 수 있을 것입니다.

한국의 사회적 소수자들과 그들이 경험하는 인권 문제

한국은 다른 OECD 국가에 비해 장애인 비율이 낮습니다. 장애인이 적어서가 아닙니다. 한국 사회에서는 장애인은 물론이고 그 가족까지 불편한 시선을 받으니 장애인 등록을 하지 않기 때문입니다.

장애인은 비장애인에 비해 신체 등 다양한 측면에서 독자적인 생활이 어려운 상황에 놓이게 되는 경우가 많아서 교육을 받기도 쉽지 않고, 그러니 일자리를 찾기도 어려우며, 결과적으로 경제적 어려움에 처할 가능성이 높습니다. 그래서 장애인이 경험하는 일상적인 불편과 어려움을 해소할 수 있도록 의식 개선이나 제도 및 법 개선을 끊임없이 진행해왔습니다. 장애인 의무고용제나 장애인차별금지법이 대표적인 예입니다.

 잠깐! 더 배워봅시다

최저임금, '시장'과 '인권' 중 어느 측면에서 볼 것인가?

우리나라는 노사정위원회에서 매년 최저임금 인상안을 정해 정부에 제출하고 고용노동부에서 최종안을 고시한다. 보통 시간당으로 결정하는데, 이는 아르바이트 이외에 다른 임금에도 영향을 미치기 때문에 대개 기업은 최저임금 인상을 반대한다. 시장의 관점에서 보면 노동의 가격이 수요와 공급에 의해 자유롭게 결정되게 놔두지 않고 정부가 개입하는 것이기에 문제를 제기한다. 영세한 자영업자는 최저임금이 인상되면 아르바이트생에게 줄 임금이 올라 정작 자신은 이익이 남지 않는다고 주장하기도 한다.

그러나 인권의 관점에서 보면 이야기가 조금 달라진다. 임금이 최소한의 생계를 보장해야 하므로 수요와 공급이 아닌 생활 가능성 측면에서 임금을 고려해야 한다는 주장을 할 수 있다. 하루 8시간 일하면 최소한 인간다운 삶을 살 수 있어야 한다는 것이다.

최저임금은 인권이라는 관점에서 경제적 약자의 삶을 보호하면서도 시장이 작동하는 조건도 고려해야 하기에 결정이 쉽지 않다.

최저임금을 정할 때 어떤 관점을 더 많이 고려해야 할까?

최근 한국의 사회적 소수자 문제에서 중요하게 논의되는 대상은 이주민입니다. 이주 노동자들은 가난한 나라에서 한국으로 일하러 왔다는 편견을 견디며 일하면서도 대가를 제대로 받지 못하기도 합니다. 그들은 동일한 일을 하고도 동일한 임금을 받지 못하거나 임금체불을 경험하는 비율이 높습니다.

결혼 이주민, 특히 결혼 때문에 이주한 여성은 언어 소통 등의 문제로 국적 취득에 어려움을 겪으며, 이혼을 하면 안정적으로 한국에 체류하지 못하기도 합니다. 배우자나 배우자의 가족으로부터 폭력을 당하는 결혼 이주여성들도 있습니다.

이주민들은 인권침해를 당하더라도 언어 소통이 어려워 항의조차 제대로 하지 못하는 경우가 많습니다. 국가는 이들의 인권을 보장하기 위해 한국어 교육 등 한국 사회를 이해할 수 있는 프로그램을 제공합니다. 기본적인 불편을 해소해주기 위해 법률 서비스 등 제도적인 지원을 하기도 하고요. 하지만 아직도 한참 부족합니다. 이들이 겪는 어려움의 배경에는 '우리가 노력해서 만든 대한민국에 왔으니, 당신들은 어려움을 겪는 게 당연해'라는 우리의 생각이 깔려 있는 게 아닐까요. 그 대신, 모두가 동일한 인간인데, 이주했다는 이유만으로 저런 대우를 받는 게 옳은지 생각해봐야 합니다.

일해야 먹고살 수 있는 사회 속 노동권 문제

오늘날 우리는 돈으로 무엇인가를 사야만 생존할 수 있다고 해도 과언이 아닙니다. 그 정도로 우리 사회는 경제가 지배하고 있습니다. 그러므로 노동은 생존을 위한 기본 조건이라고 할 수 있습니다.

그만큼 오늘날 노동과 관련한 인권 문제가 참으로 많습니다. 비정규직이라는 이유로 동일한 노동을 하고도 낮은 임금을 받기도 하고, 서비스 종사자들이 '갑질' 하는 손님을 향해 억울함을 감추고 감정노동을 하면서 웃으며 대응하기도 합니다. 아르바이트를 하면서 '잘릴까 봐' 근로 조건 개선을 주장하지 못하고, 상사는 임신하면 회사를 그만둬야 하지 않겠냐고 은근히 압박하는 일도 있습니다.

사실 일정 시간 일을 하면 최소한의 인간다운 삶을 누릴 수 있어야 합니다. 그런데 일을 한 대가를 제대로 받지 못하면 일을 하고도 가난하게 사는 워킹푸어가 되어 인간다운 삶을 지속하기가 어렵습니다. 그래서 정한 것이 최저임금입니다. 최저임금은 노동자의 생활 안정과 노동력 보호를 위해 매해 최저수준으로 정한 시간당 임금을 말합니다. 그러나 최저임금도 제대로 못 받는 경우가 없는 건 아닙니다.

아르바이트를 하는 청소년도 인권침해를 경험합니다. 청소년이라는 이유로 최저임금보다 낮은 임금을 받거나, 약속한 노동 시간보다 더 많이 일하는 경우는 흔합니다. '일하는' '어린' 사람이라는 생각 때문인지 폭언이나 폭행을 당하는 경우도 꽤 있습니다. 뉴스에 나올 정도로 심각한 성폭력을 경험하기도 합니다. 실습하러 간 고등학생의 죽음 또한 인권침해의 결과입니다.

일하는 청소년들은 '어리고' '일을 한다'라는 이유로 이중적인 측면에서 사회적 소수자가 됩니다. 그래서 이들이 겪는 어려움은 더 심각합니다. 그렇기 때문에 대부분의 나라는 청소년의 노동을 보호하려고 합니다. 제일 먼저 노동을 할 수 있는 나이를 제한하고, 일하는 시간이나 장소 등을 제

잠깐! 더 배워봅시다

청소년이 아르바이트 전에 알아야 할 10가지

1. 만 15세 이상인 경우에만 일을 할 수 있어요, 아르바이트도 마찬가지예요.

2. 일을 하기 위해서는 부모님 등 보호자의 동의서, 나의 나이를 증명할 수 있는 증명서가 필요해요.

3. 일하는 곳의 주인과 근로계약서를 반드시 체결해야 해요. 계약서에는 일하는 곳과 임금 등을 기록해야 해요. 인터넷에 표준계약서가 많으니 참고하세요.

4. 청소년이라도 해도 성인과 동일하게 당해년도의 최저임금을 적용받아요.

5. 하루 7시간, 일주일에 35시간을 초과할 수 없어요.

6. 성인과 마찬가지로 휴일에 일하거나 초과근무를 하면 50%의 가산 임금을 받을 수 있어요.

7. 성인과 마찬가지로 일주일 개근하고 15시간 이상 일하면 하루 유급 휴일을 받을 수 있어요.

8. 청소년은 위험한 일이나 유해업종에서 일할 수 없어요.

9. 성인과 마찬가지로 일하다 다치면 산재보험으로 치료와 보상을 받을 수 있어요.

10. 청소년이 일을 하다 인권침해를 당하면 청소년 근로권익센터(1644-3119)로 전화하여 도움을 청할 수 있어요.

출처: 고용노동부

한하기도 합니다. '청소년이 아르바이트 전에 알아야 할 10가지'에서 볼 수 있듯이 우리나라도 아르바이트 및 청소년 노동에 대하여 다양한 보호 장치를 갖고 있습니다.

토론 활동 우리가 결정하는 올해의 최저임금

1. 학생들을 사업자 집단, 노동자 집단, 시민 집단 등 세 집단으로 나눈다.

2. 세 집단은 각각 작년의 최저임금과 인상률을 살펴보고, 집단별로 필요한 통계자료(경제 성장률, 물가상승률 등)와 최저임금 관련 사설, 전문가의 주장 등 자료를 모은다.

3. 사업자 집단과 노동자 집단이 각각 1차로 제시할 최저임금을 정하고, 그렇게 결정한 이유를 문서로 작성한다.

4. 1차 안을 놓고 사업자 집단과 노동자 집단이 협상하고, 시민 집단이 참관하면서 주요 내용을 기록한다. 합의가 안 되면 집단별로 2차 조정안, 최종 조정안 등을 만들어 최종 결정한다. 시민 집단은 두 집단의 최저임금 차이가 어느 정도로 좁혀질 때 최종 표결할지 결정한다.

5. 최종 합의하거나 표결을 통해 최저임금을 결정한다.

제작 활동 인권 신문 만들기

1. 한국의 인권 문제와 관련하여 하나의 주제(예: 이주민, 장애인, 아동, 노동자, 여성 등)를 정한다.

2. 자신이 정한 주제와 관련한 인권 문제 상황, 해결 방안을 제시한 신문기사, 사설, 공익 광고 등을 신문에서 찾아본다.

3. 자료를 편집하여 신문을 만들어본다.

5 세계 여러 나라의 인권 문제는?

(!) 아동노동, 여성차별, 국가 간 불평등, 국가의 억압, 국제 인권지수

2017년 6월 서울 대학로의 한 건물 벽에 사진이 걸렸습니다. 거기엔 "벽돌 1,000장 나르고 1,000원 받는 아이들"이라는 글귀와 한 아이가 자기 키의 4분의 1 정도로 쌓은 벽돌을 이고 있는 모습이 담겨 있었습니다. 돈을 벌기 위해 일하는 아이들의 실상을 알리기 위한 사진이었습니다.

아크발이라는 한 소년의 이야기를 해볼까요? 『난 두렵지 않아요』[38]라는 책의 주인공인 파키스탄 소년 아크발은 네 살 때 카펫 공장으로 팔려가서 하루 10시간 정도 일을 했습니다. 카펫 공장에서 아이들을 데려가는 이유는 그들의 조막만 한 손이 작업에 유리하고, 돈을 적게 주고 일을 시킬 수 있으며, 국가가 아동노동을 제한하지 않기 때문이었습니다.

하루 30원도 채 못 받고 일하면서 숙련공이 된 아크발은 카펫 공장을

네팔의 벽돌 공장에서 일하고 있는 여자아이의 모습. 대개 이런 아동들은 저임금과 인권의 사각지대에서 일하는 경우가 많다.

몇 군데 전전하며 5년간 일하다가 결국 탈출합니다. 아홉 살부터는 카펫 공장에서 착취당한 사실을 알리다가 열세 살 때 괴한의 총을 맞고 살해당했는데, 카펫 공장 주인들이 범인일 거라는 의혹이 있습니다.[39]

파키스탄을 비롯한 수많은 나라에서 15세 미만의 아동들이 강제 노역이나 중노동을 합니다. 초콜릿의 원료인 카카오를 가공하는 농장, 광물을 채굴하는 광산, 축구공을 만드는 공장, 청바지 공장 등 다양한 현장에서 아동노동이 일어나고 있습니다.

아동노동은 지금도 진행 중

아동이 신체적·정서적으로 제대로 발달하고 성장하려면 부모를 비롯

아동노동, 가혹한 현실

전 세계 18세 미만 아동 중에서 노동에 내몰리는 경우는 생각보다 많다. 그러나 이에 대한 정확한 자료를 구하기는 어렵다. 2010년 세계노동기구(ILO)가 내놓은 자료[40]에 따르면, 세계 아동노동의 현실은 다음과 같다.

'어떤 방식으로든 일을 하고 있는 아이들'은 2억 6,000만 명, '일체의 권리 없이 노동을 강요받는 아이들'은 1억 6,800만 명, '위험하고 가혹한 노동에 강제 동원되는 아이들'은 8,500만 명, '연간 아동노동 사망자'는 2만 2,000명이다. 그리고 '아동노동이 발생하는 국가 수'는 76개 국이고, 아동노동자의 1주일 평균 임금은 3,600원 정도다. 전 세계 아동의 11%가 지금도 학교에서 교육을 받는 대신 일터로 내몰리고 있다.

우리가 할 수 있는 일은 무엇일까?

한 보호자나 사회가 제공하는 돌봄을 충분히 누려야 하고, 더 나은 삶을 살아가는 데 도움이 되는 교육을 받아야 합니다. 그렇기 때문에 아동노동을 금지하는 것입니다. 그러나 여전히 싼 노동력을 확보하기 위해 아동노동을 묵인하는 다국적 기업, 경제 성장을 이유로 아동노동에 눈감은 정부, 가난한 집안을 꾸리느라 자녀를 노동 현장으로 내모는 부모가 있고, 아동노동은 지속됩니다. 전 세계적으로 노동을 하는 아동은 1억 명에서 2억 명 정도로 추산됩니다. 하지만 이도 정확한 수치는 아닙니다.

아동노동 문제를 해결하려는 세계의 노력이 없었던 것은 아닙니다. 대표적으로 시민단체들이 아동노동 기업을 공개하고 이들 기업의 상품에 불매운동을 실시한 적이 있습니다. 한 신발 회사는 상표를 운동화에 붙이는 노동에 아동을 고용했다가 심각한 불매운동에 맞닥뜨리자 이를 개선하겠다는 성명을 내놓았습니다.

국제기구도 다양한 노력을 하고 있습니다. 유니세프 등 아동인권을 주장하는 기관에서는 아동노동 현실을 대대적으로 알리면서 문제 제기를 하고 있습니다. 2002년부터 국제노동기구는 6월 12일을 '세계 아동노동 반대의 날'로 정하고 다양한 행사를 실시합니다. 또한 유엔아동권리협약에서는 아동이 노동을 하면서 인권이 침해당하는 것을 금지하고 있습니다.

아직 갈 길이 먼 여성인권

우리 사회를 비롯한 많은 사회는 전통적으로 여성을 차별했고, 지금도 차별하고 있습니다. 일부에서는 이런 차별이 문제임을 인식하고 개선하고 있지만, 종교나 전통이라는 이름으로 여성에게 가혹한 대우를 하는 사회가 아직도 많습니다. 여자라는 이유로 학교에 보내지 않고 집안일을 시키는 경우는 사소한 편입니다. 어떤 지역에서는 여성이 자전거를 타는 것을 금지하기도 하며, 일상적인 활동은 허락하지만 정치에는 참여하지 못하게 제도적 차별을 하는 나라도 있습니다.

훨씬 더 고통스러운 경우도 많습니다. '명예살인'이라는 말을 들어본 적이 있나요? 명예살인은 특정 종교를 믿는 사회에서 일어나는 가족 살인으로, 가문의 명예를 훼손한 가족을 가족 중 한 사람이 살해하는 행위입니다. 그런데 명예살인을 당하는 피해자의 90% 이상이 여성입니다. 이런 살인은 다른 종교를 가진 남자와 결혼한 경우, 결혼 전에 동거하는 경우,

종교적으로 금하는 행위를 한 경우에 일어납니다. 주로 여성에게 금지하는 것이 많다 보니 피해자 대부분이 여자입니다. 명예살인이 일어나는 지역에서는 가해자를 매우 약하게 처벌하기 때문에 이런 일은 자꾸 반복됩니다.

종종 남자와 여자가 다른데 다른 대우를 받는 것이 무슨 문제냐고 묻는 사람들이 있습니다. 그러나 문제는 똑같지 않다는 게 아니라 불합리하거나 비합리적인 차별이 일어난다는 것입니다. 또한 차별 대상이 거의 여성이라는 점에서 여성인권 문제는 우리가 해결해야 할 큰 숙제입니다.

평평하지 않은 세계, 지구촌 불평등으로 인한 인권 문제

지구촌 어딘가에는 물과 식량이 부족하여 생명을 위협받고, 이를 견디다 못해 난민이 되는 사람들이 있습니다. 대체로 가난한 국가의 가난한 사람들입니다. 보통 우리는 '가난은 부끄러운 것이 아니라 불편한 것'이라고 말합니다. 하지만 이들의 가난은 불편을 넘어 생명이 달린 일입니다.

땅이 대부분 사막화되어 식량조차 지급하기 어려운 가난한 나라의 상황을 볼까요? 장기간 벌목하거나 작물 생산을 무리하게 해서 더 이상 땅이 생명을 유지하지 못해 사막화되기도 합니다. 선진국의 경제개발에 이용되어 기후변화를 겪고, 그 결과로 사막화가 진행되고, 그 때문에 생명권을 위협받는 경우도 있습니다.

투발루라는 태평양에 있는 섬나라는 기후변화로 인해 해수면이 상승

미얀마의 로힝야족을 통해 보는 식민 통치와 인권 문제

로힝야족이라는 부족을 들어본 적이 있는지? 이들은 현재 미얀마에 살고 있는 소수 부족으로 원래는 방글라데시에 살던 부족이었다.

19세기 말 미얀마가 영국 식민지가 되는 과정에서 격렬하게 저항하자 영국은 무력으로 미얀마를 통치했다. 이 과정에서 주요 도시에서 미얀마 사람들을 내쫓고 로힝야족을 강제 이주시켜 살게 했다. 로힝야족이 오랜 기간 식민지 통치를 받으면서 영국의 지배를 잘 받아들였기 때문이다.

미얀마인들은 영국인들과 로힝야족을 동일시할 수밖에 없는 상황이었다. 더구나 제2차 세계대전에서 로힝야족이 영국에 의해 영국군으로 무장하고 미얀마인과 싸우게 되면서 갈등은 극심해졌다. 1948년 미얀마가 독립하면서 미얀마 정부는 로힝야족을 탄압하기 시작했다. 그들을 영국이 데려가거나 그들의 원래 주거지였던 방글라데시로 이주시키라고 했지만 두 가지 모두 이루어지지 않았다. 방글라데시 또한 수용이 어렵다고 거부했다.

불행한 역사 속에서 두 집단 모두가 식민지 지배의 피해자였다. 그들은 원치 않게 서로에게 총을 겨눴으며 한 국가 안에서 살아야 하는 상태가 된 것이다. 더구나 미얀마는 불교 국가인데, 로힝야족은 이슬람을 믿는 부족이다. 결국 1982년 미얀마 정부가 로힝야족의 국적을 없애면서 로힝야족은 아무런 보호를 받을 수 없는 상태가 되어 난민 아닌 난민으로 살아가고 있다. 또한 2017년 들어 미얀마에서는 로힝야족에 대한 인종 청소를 강조하며 이들과 전쟁을 하고 내쫓는 상황이 벌어지면서 국제적으로 문제가 되고 있다.

일부 국가에서는 미얀마의 로힝야족 사태를 인권적인 학살 문제로 보며 미얀마의 낮은 인권 의식을 탓하지만, 한편으로는 이 문제의 원인 제공자인 영국이 로힝야족을 난민으로 받아들여야 한다고 주장한다.

아시아와 아프리카의 많은 나라에서 일어나는 소수민족 학살 등의 사건에는 대부분 이런 복잡한 식민지 통치 역사가 담겨 있다. 현재 일어나는 사건의 근원적인 책임이 누구에게 있는지 인권의 관점과 더불어 역사적 측면에서도 살펴보아야 한다.

하여 국토가 바다에 잠겨 국민의 생존권이 무너졌습니다. 이처럼 한 나라가 겪는 인권 문제의 원인이 꼭 자국에 있는 것만은 아닙니다. 이런 경우엔 스스로 해결하기도 어렵지요.

최근 뉴스에 등장하는 전쟁이나 내전 뉴스를 보면, 대개 가난한 나라에서 벌어지는 일이라는 것을 알 수 있지요. 이런 분쟁은 주로 종교나 민족이 다르다는 이유로 생깁니다. 더 파고들면 과거 유럽의 식민지였다가 독립한 나라에서 많이 일어난다는 사실이 드러납니다.

식민지 상태에서 자원을 착취당하고 '탈식민'도 스스로 쟁취하지 못한 채 선진국이 그어준 국경선에 따라 국가가 만들어진 곳도 많습니다. 이 때문에 하나의 국가로 묶여 있지만 다른 종교와 다른 민족이 공존하면서 갈등과 대립으로 내전이 일어납니다. 식민지 상황에서 강제 이주를 당해 갈등을 겪는 사례도 있습니다.

같은 지구 위에 살지만 누구는 부유하게, 누구는 가난하게 살아갑니다. 이는 노력의 차이에 의한 결과가 아니라 그저 불합리하게 주어진 경우가 많습니다. 아무 잘못 없이 내란에 휩싸이거나 주거지를 빼앗긴 사람들은 이주민이 되어 다른 나라로 가지만 그곳에서도 난민으로서 존재할 뿐입니다.

가난, 테러 등 다양한 이유로 식량과 주거 문제를 해결하지 못한 이들이 있습니다. 이들은 스스로 잘못해서가 아니라 그저 불합리한 결과로 이

미얀마에서 넘어온 로힝야족 난민들(2017년 11월 20일). 방글라데시의 쿠투팔롱 난민 캠프에서 음식과 음료를 받기 위해 기다리고 있다.

런 상황에 처한 것입니다. 이러한 불평등 문제를 해결하는 방안을 세계가 함께 찾아내야 할 것입니다.

국가 권력에 저항하는 사람들의 인권 문제

2017년 오랜 기간 중국에 의해 반(反)체제 인사로 낙인 찍혀 수감 생활을 하던 인권운동가 류샤오보가 지병으로 사망했습니다. 그런데 그의 주검을 가족이 아닌 중국 정부가 수습했습니다. 왜 이런 일이 일어났을까요?

1989년 중국 천안문에서 수많은 사람들이 민주화를 외칠 때, 미국의 한 대학에서 공부하던 그는 서둘러 귀국하여 민주화 운동에 합류했습니다. 그리고 2008년에 공산당 일당체제의 종식을 촉구하는 헌장을 발표하고 감옥 생활을 했습니다. 2010년에는 노벨평화상 수상자로 선정되었지만, 옥중에 있어 참석하지 못했습니다.

류샤오보의 죽음과 그의 장례 등 후속 조치에 대하여 많은 나라, 단체들, 언론, 사람들이 문제를 제기했으나, 정작 중국인 상당수는 류샤오보가 죽었는지조차 모르고 있습니다. 중국 정부가 언론과 인터넷을 통제했기 때문입니다.

이처럼 국가의 체제에서 파생한 인권 문제가 있으면, 해당 국가는 언론 통제 등을 하여 그 문제가 사회적으로 논의되는 길을 막습니다. 인권 관련 기구나 국제기구가 이 문제를 개선하라고 권고하면 '내정간섭'이라고 일축하지요. 해당 국가와 정치적 관계에 있는 나라는 문제 제기조차 못합니다. 중국과 다양하게 얽혀 있는 우리 정부 역시 류샤오보의 죽음과 관련하여 아무런 논평도 내지 않았습니다.

과거 우리나라에도 있었고, 지금도 수많은 나라에 존재하며, 미래에도 일어날 대표적인 인권침해가 바로 자유와 권리를 되찾기 위해 국가 권력에 저항하는 사람들을 감금하는 것입니다. 우리는 그들의 노력 덕분에 지금의 인권을 누리고 있음을 잊지 말아야 합니다.

인권 문제 해결을 위한 세계의 노력들

유엔이 만든 〈세계인권선언〉은 모든 인류의 인권을 위한 것이었습니다. 그 후로도 유엔은 지속적으로 세계 인권 문제 해결을 위해 다양한 협약을 제시하고 있습니다. 경제·사회·문화적 권리를 위한 협약, 시민·정치적 권리 협약, 유엔아동권리협약, 여성차별철폐협약, 난민의 지위에 관한 협약 등이 그것입니다. 이를 통해 세계 여러 나라가 자국만이 아니라 다른 나라의 인권 문제에도 관심을 가지길 촉구하고 있습니다.

또한 유엔인권이사회는 개별 국가의 인권 문제에 대해서도 보고서를 내거나 개선 권고를 합니다. 우리나라는 이주민이나 아동의 인권 문제 해결 노력이 부족하다며 지속적인 권고를 받았으며, 2016년 보고서에서는 "집회와 시위에 차벽이나 물대포를 사용하여 이를 막는 현실, 교사나 공무원 등의 노조 설립 제한, 특정 기업의 노조 설립 제한" 등에 대한 개선 권고를 받았습니다.

유엔 기관, 세계적인 언론 기관이나 시민단체들은 세계 여러 나라의 인권 현실에 초점을 둔 지표나 지수를 개발하여 순위를 매기거나, 인권친화적인 국가와 그렇지 않은 국가를 구분하기도 합니다. 대표적으로 국경없는기자회가 제시하는 세계언론자유지수, 국제노동조합연맹이 조사하는 세계노동권리지수가 있습니다. 성 평등과 관련해서는 성불평등지수, 성격차지수 등이 있습니다.

매년 발표하는 각종 인권지수들을 보면 어떤 나라는 자유권이, 어떤 나라는 사회권이 문제고, 어떤 나라는 차별 문제가 나타나는 등 다양한 인권 문제를 보게 됩니다. 이렇게 지수를 매긴다고 인권 문제가 해결되는 건 아니지만, 지구촌에 사는 수많은 이들이 경험하는 인권 문제에 어떤 것이 있는지 알 수 있을 것입니다. 여전히 많은 사람들이 불평등을 겪고 있다는 것을 알게 되겠지요. 동시에 우리 모두의 존엄함을 위해서 무엇을 요구해야 할지도 알게 될 것입니다.

토론 활동 "다른 나라의 인권 문제에 개입한다면 내정간섭인가?"

1. 찬성과 반대 팀을 나누어 '인권'이라는 측면에서 논거를 마련한다.

2. 인권의 보편성과 정치체제 등에서 개별 국가의 독립성 등을 주요 논거로 고려한다.

3. 찬성과 반대의 관점에서 논거를 정리하고 주장할 내용을 정리한다.

4. 찬성과 반대 팀이 토론해본다.

제작 활동 지구촌 인권 문제에 관심을 높이기 위한 블로그 만들기

1. 지구촌 인권 문제 중 하나를 택한다. (예: 아동노동)

2. 해당 인권 문제와 관련된 수치화된 자료를 찾아서 정리한다.

3. 해당 인권 문제와 관련된 기사들을 찾아서 링크한다.

4. 해당 인권 문제가 얼마나 심각한지에 대한 자신의 의견을 정리한다.

5. 위의 자료를 토대로 인권 문제를 다루는 블로그를 만든다.

조사 활동 우리나라 인권 상황 보고서 작성하기

1. 우리나라의 인권 상황을 알려주는 다양한 인권지수 관련 기사를 찾아본다.

2. 해당 지수를 만든 기관의 사이트를 검색하여 추가 자료를 찾는다.

3. 해당 지수를 통해 우리나라 인권의 위치를 파악하고, 이전 연도와 비교하여 인권 상황이 좋아졌는지 파악한다.

4. 조사한 자료를 바탕으로 우리나라 인권의 현황을 서술하고, 개선 방안을 제시하는 보고서를 작성한다. (필요한 경우에는 PPT로 작성한다.)

나, 다니엘 블레이크

문학	미술	영화	뮤지컬
		V	

켄 로치 감독이 2016년에 만든 영화. 그해 칸영화제 황금종려상을 받은 작품으로, 주인공인 독거노인 다니엘 블레이크의 이야기를 통해 인간의 존엄성을 위해 무엇이 필요한지를 묻고 있다.

줄거리

배경은 영국, 주인공인 다니엘 블레이크는 평생 성실한 목수로 살았지만, 부인과 사별하고 홀로 살면서 심장병을 앓고 있어 일을 하기 어려운 상황이다. 그래서 실업급여를 신청하려는데 급여 대상자가 되기 위한 절차가 너무 까다로워 결국 관공서가 요구하는 절차를 다 충족하지 못한다. 그 과정에서 주인공이 경험하는 인간 존엄성 훼손의 문제를 다룬다.

"나는 의뢰인도, 고객도, 사용자도 아닙니다. 나는 게으름뱅이도, 사기꾼도, 거지도, 도둑도 아닙니다. 나는 사회보험번호 속 숫자도 아닙니다. 나는 묵묵히 책임을 다해 떳떳하게 살았습니다. 나는 굽실대지 않았고, 이웃이 어려우면 그들을 도왔습니다. 자선을 구걸하거나, 기대지도 않았습니다. 나는 사람이지 개가 아닙니다. 이에 나는 내 권리를 요구합니다. 인간으로서 존중받기를 원합니다. 나, 다니엘 블레이크는 한 사람의 시민, 그 이상도 그 이하도 아닙니다."

영화 속 그의 이 대사를 보면 왜 제목이 〈나, 다니엘 블레이크〉인지 알 수 있을 것이다.

인간으로 살아가야 하는 우리, 무엇이 그것을 가능하게 할까?

토론하기

주제 던지기

오늘날 인권 문제를 해결하자면 기본적으로 사회권이 중요하다. 그런데 사회권을 보장하는 데에는 서로 다른 의견들이 존재한다.

주장 ① 사회권을 보장하는 것은 인간 존엄성을 위한 최소한의 국가적 노력이다.

왜냐하면 인권이 확장되어온 역사를 보더라도 사람들이 자유권을 확보하여 시민으로 살아갈 수 있었지만 그것만으로는 부족했고, 인간다운 삶을 누리기 위해서는 사회권이 필요했기 때문이다. 현재 가난하고 어려운 삶을 살아가는 사람들은 개인적인 잘못을 해서 그리된 것이 아니다. 사회가 구조적으로 불평등하기 때문에 가난, 실업 등에 처한 것이다. 그러므로 국가가 나서서 이들을 지원해야만 시민으로서 인간 존엄성을 가진 삶을 완성할 수 있다.

주장 ② 사회권을 보장하는 것은 복지병을 키우고, 국가를 어려움에 빠뜨린다.

왜냐하면 사회권을 존중해주는 지원이 과하면 구성원 대다수가 일을 하지 않으려 할 것이고, 그렇게 되면 복지병이 나타나서 결국은 국가 재정에 문제가 생기기 때문이다. 국가는 개인이 자유롭게 경제 행위를 할 수 있도록 지원만 하면 된다. 개인의 어려움을 전부 국가가 해결해주면 개인은 무기력해질 것이고, 그러면 개인도 인간으로서 존엄한 삶을 살기가 어려워질 것이다.

토론 주제

오늘날 존엄한 삶을 위해 국가가 사회권을 적극적으로 보장해야 할까?

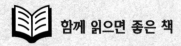
함께 읽으면 좋은 책

1장 우리는 어떻게 행복한 삶을 살 수 있을까?

『달라이 라마 행복의 지혜』(2014). 달라이 라마·빅터 챈 지음. 진우기 옮김. 반니
티베트 불교의 승려인 달라이 라마의 행복에 관한 이야기를 모은 책이다. 불교에서 강조
하는 자비를 기본으로 '어떻게 살아야 하는가'에 대한 문제를 주로 다루며, 현대인들이
어떤 마음을 가져야 행복해지는지를 인식하게 한다. 자신과 타인의 행복을 위한 삶의 태
도와 자세에 대한 답을 구하는 데 도움이 된다.

『우리도 행복할 수 있을까』(2014). 오연호 지음. 오마이북
부제인 '행복지수 1위 덴마크에서 새로운 길을 찾다'에서 알 수 있듯이 덴마크 국민의 행복
비결을 여섯 가지 키워드로 정리한 책이다. 저자가 직접 덴마크를 방문해 다양한 사람들과 인
터뷰한 생생한 결과를 바탕으로 썼으며 덴마크와 우리나라를 비교해 생각거리를 제공한다.

『행복에 관한 10가지 철학적 성찰』(1999). 필립 반 덴 보슈 지음, 김동윤 옮김. 자작나무
행복에 대한 설명과 함께 소피스트, 플라톤, 아리스토텔레스, 데카르트, 프로이트 등 다
양한 철학자들의 철학을 담아냈다. 다소 어려운 내용이지만 철학 전반에서 행복을 무엇
이라고 보는지 파악하는 데 도움이 된다.

『행복의 조건』(2010). 조지 베일런트 지음, 이시형 감수, 이덕남 옮김. 프런티어
1930년대 말 하버드대학교 졸업생과 일반인을 대조하면서 72년간의 삶을 장기 추적한
자료를 바탕으로 행복에 관해 기록한 책이다. 성공적인 노화에 이르는 길을 '행복하고 건
강한 삶'이라는 관점에서 파악하고 이를 위한 삶의 조건들을 제시하고 있다. '나는 노후에
어떤 삶을 원하고, 그러한 삶을 위해 무엇을 해야 하는지'를 생각해볼 수 있다.

2장 우리를 둘러싼 자연환경 이해하기

『**불편한 진실**』(2006). 앨 고어 지음, 김명남 옮김. 좋은생각

미국의 부통령이었던 앨 고어는 환경운동가이기도 하다. 이 책에서는 다양한 도표와 사진 자료를 통해 지구온난화가 만들어내는 문제를 구체적으로 파악할 수 있다. 지구온난화와 관련한 편견 10가지와 그것을 비판하는 내용을 담았다.

『**지리의 힘**』(2016). 팀 마샬 지음, 김미선 옮김. 사이

부제인 '지리는 어떻게 개인의 운명을, 세계사를, 세계 경제를 좌우하는가'라는 표현에서 알 수 있듯이 '지리'라는 렌즈로 세계 여러 나라를 살펴본다. 단순히 자연환경에 초점을 둔 것이 아니라 지정학 측면에서 여러 나라와 대륙을 설명하며 역사, 정치, 문화 등을 연관시키기에 다소 어렵게 느껴지기도 한다. 『통합사회 교과서와 함께 읽기』에서 다루는 내용을 공부하면서 읽어나가면 좋을 것이다.

『**환경윤리(제5판)**』(2017). 조제프 R. 데자르댕 지음, 김명식·김완구 옮김. 연암서가

환경과 관련해 논의되는 윤리 문제를 토론 사례와 함께 다룬다. 환경에 대하여 윤리적 접근을 해야 하는 이유와 관련 이론들은 무엇이 있는지 보여준다.

3장 사회 변동에 따른 생활공간과 생활양식의 변화

『**도시의 승리**』(2011). 에드워드 글레이저 지음. 이진원 옮김. 해냄출판사
'도시는 어떻게 인간을 더 풍요롭고 더 행복하게 만들었나?'라는 부제에서 볼 수 있듯이
전세계 수많은 도시의 흥망성쇠를 다루면서 도시 관련 이슈를 제시한다. 저자의 주장대
로 도시는 인류 최고의 발명품이지만, 다양한 문제를 만들어내는 곳이기도 하다. 이 책을
통해 가보지 않은 수많은 도시를 만날 수 있으며, 도시의 성장과 몰락 그리고 새로운 도시
에 관한 생각들을 접하게 될 것이다.

『**우리는 지난 100년 동안 어떻게 살았을까**(1~3권)』(1998). 한국역사연구회 지음. 역사비
평사
세 권으로 이루어진 책이다. 주로 갑오개혁 이후 100년 동안의 역사를 다루고 있다. 한국
사회가 근대로 넘어가는 시기의 이야기를 담았다. 1권은 삶과 문화, 2권은 사람과 사회,
3권은 정치와 경제를 다룬다. 다양한 사례를 통해 20세기 한국의 생활문화사를 배우면
서 한국의 근대화 과정, 정보화로 인한 변화를 일부 살펴볼 수 있다.

4장 인간의 존엄성을 지키기 위한 노력들

『**지금 다시, 헌법(개정증보판)**』(2016). 차병직·윤재왕·윤지영 지음. 로고폴리스

2016년 현재 대한민국의 헌법에 대하여 해설한 책이다. 2018년 헌법 개정을 논의하고 있는 상황에서 이제는 과거의 헌법이 될 2016년 헌법의 각 조항이 무엇을 이야기하는지를 파악하는 재미가 있다. 국민이라면 무엇보다 헌법을 제대로 알아야 한다는 신념으로 읽기를 추천한다.

『**청소년을 위한 세계인권사**』(2011). 하승수 지음. 두리미디어

'인권의 역사가 곧 인간의 역사다'라는 말을 제대로 느낄 수 있는 책이다. 다양한 역사적 사건과 함께 인권이 발전해온 모습을 볼 수 있다. 이 책을 읽으며 현재 우리가 누리는 인권이 그냥 부여받은 것이 아님을 깨닫고, 스스로 미래의 인권 역사를 위해 무엇을 할 것인가를 생각해보기 바란다.

『**청소년을 위한 인권 에세이**』(2015). 구정화 지음. 해냄출판사

인권의 의미와 역사, 보편적인 인권, 청소년 인권과 관련한 사례와 토론거리를 제공한다. 다양한 사건과 사례를 통해 인권이 특정한 일부 사람들이 경험하는 일이 아니라 나와 관련된 일이며, 일상의 문제임을 알게 될 것이다.

미주

1) 『커피의 역사』, 하인리히 에두아르트 야콥 지음, 남덕현 옮김, 자연과생태, 2013

2) 『사회복지조사방법론』, A. 루빈·E. 바비 지음, 성숙진·유태균·이선우 옮김, 나남, 1998

3) 『파랑새』, 모리스 마테를링크 원저, 우현옥 글, 김미견 그림, 봄볕(꿈꾸는꼬리연), 2014

4) '한국민족문학대백과사전' 온라인판(한국학중앙연구원 http://encykorea.aks.ac.kr)

5) 『행복의 완성』, 조지 베일런트 지음, 김한영 옮김, 흐름출판, 2011

6) 『멋진 신세계』, 올더스 헉슬리 지음, 안정효 옮김, 소담출판사, 2015

7) 『달라이 라마의 행복론』, 달라이 라마·하워드 커틀러 지음, 류시화 옮김, 김영사, 2001,
   25쪽

8) 『인간과 공간』, 오토 프리드리히 볼노 지음, 이기숙 옮김, 에코리브르, 2011, 352쪽에서
   재인용

9) 『행복, 경제학의 혁명』, 부르노 S. 프라이 지음, 유정식·홍훈·박종현 옮김, 부키, 2015,
   3장의 내용을 참조하였음

10) 『present』, 최인철 지음, 한스미디어, 2014, 110~111쪽

11) 『덴마크 사람들처럼』, 말레네 뤼달 지음, 강현주 옮김, 마일스톤, 2015

12) 『우리도 행복할 수 있을까』, 오연호 지음, 오마이북, 2014

13) 『부탄 행복의 비밀』, 박진도 지음, 한울아카데미, 2017

14) 최근 들어 일부 지중해 지역에서는 이런 낮잠 문화를 없애는 추세이다.

15) 안관옥, "영산호 퇴적물 매년 7t… 수질 5급수도 못미쳐", 《한겨레》, 2005. 12. 26 참조

16) 『10대와 통하는 환경과 생태 이야기』, 최원형 지음, 철수와영희, 2015

17) 『기적의 사과』, 이시카와 다쿠지 지음, 이영미 옮김, 김영사, 2009, 24쪽

18) 『플라스틱 바다』, 찰스 무어·커샌드라 필립스 지음, 이지연 옮김, 미지북스, 2013

19) 『엘니뇨와 라니냐』, 마이클 그랜츠 지음, 오재호·권원태 옮김, 아르케, 2002

20) 『위험한 행성 지구』, 브린 버나드 지음, 임지원 옮김, 주니어김영사, 2008

21) 「한반도의 역사지진 자료」, 이기화, 《지구물리》 제1권 제1호, 3~22쪽

22) 『유럽 문화사(하)』, 페이터 리트베르헨 지음, 정지창·김경한 옮김, 지와사랑, 2003, 286쪽

23) 『마르크스주의에서 본 영국 노동당의 역사』, 토니 클리프·도니 글룩스타인 지음, 이수현 옮김, 책갈피, 2008

24) 『차티스트 운동, 좌절한 혁명에서 실현된 역사로』, 김택현 지음, 책세상, 2008에서 차티스트 운동에 관한 내용을 참조함

25) '서구'라는 표현은 과거 유럽을 한자어로 '구라파'라고 불렀던 것에서 유래한다. 서유럽을 서구라파라고 하였다가 이를 축약하여 서구라고 부르게 되었다.

26) 『스키너의 심리상자 열기』, 로렌 슬레이터 지음, 조증열 옮김, 에코의서재, 2005, 100~101쪽

27) 『인간과 공간』, 오토 프리드리히 볼노 지음, 이기숙 옮김, 에코리브로, 2011, 126쪽에서 재인용

28) "서울~부산 '2시간 이내' 주파… KTX 무정차 서비스 도입", 《헤럴드경제》, 2017. 2. 2, 인터넷판 참조

29) "테슬라CEO '하이퍼루프 구두 승인… 워싱턴부터 뉴욕까지 29분'", 《중앙일보》, 2017. 7. 21, 인터넷판 참조

30) 정임수, "거스름돈은 카드에 쏙쏙… 동전없는 세상 시작됐네",《동아일보》, 2017. 10. 17, 인터넷판 참조

31) 배소라, "[지식발전소] 신용카드 유래, 과연 누가 만들었을까?",《뉴데일리》, 2014. 1. 6, 인터넷판 참조

32)『인권』, 차병직 지음, 살림, 2006, 42~43쪽

33)『반란의 도시』, 데이비드 하비 지음, 한상연 옮김, 에이도스, 2014, 9~13쪽

34) 문지혜, "[소비자판례] 불법유출된 주민등록번호 바꿔주세요… 대법원 판결은?",《소비자가만드는신문》, 2017. 9. 27, 인터넷판 참조

35)『로자 파크스 나의 이야기』, 로자 파크스·짐 해스킨스 지음, 최성애 옮김, 문예춘추사, 2012 참조

36)『법교육학 입문』, 박성혁·김해성·김현철·곽한영·오승호·김자영 지음, 공무원, 2013

37) 이정호, 「마하트마 간디의 시민 불복종 운동: 소금법 반대행진을 중심으로」,《남아시아연구》제10권 제1호, 119~136쪽 참조

38)『난 두렵지 않아요』, 프란체스코 다다모 지음, 이현경 옮김, 주니어RHK, 2014

39) 유종순, "월드컵, 맥도널드, 그리고 발렌타인데이",《미디어오늘》, 2010. 3. 17

40) 아동노동착취 근절 프로젝트 https://tumblbug.com/stopchildlabour

통합사회 교과서와 함께 읽기 1

초판 1쇄 2018년 5월 14일
초판 5쇄 2024년 3월 31일

지은이 | 구정화
펴낸이 | 송영석

주간 | 이혜진
편집장 | 박신애 **기획편집** | 최예은 · 조아혜 · 정엄지
디자인 | 박윤정 · 유보람
마케팅 | 김유종 · 한승민
관리 | 송우석 · 전지연 · 채경민

펴낸곳 | (株)해냄출판사
등록번호 | 제10-229호
등록일자 | 1988년 5월 11일(설립일자 | 1983년 6월 24일)

04042 서울시 마포구 잔다리로 30 해냄빌딩 5 · 6층
대표전화 | 326-1600 **팩스** | 326-1624
홈페이지 | www.hainaim.com

ISBN 978-89-6574-648-5
ISBN 978-89-6574-647-8(세트)